"一带一路"

城市轨道交通标准化研究

李迅　赵一新　主编

中国建筑工业出版社

图书在版编目（CIP）数据

"一带一路"城市轨道交通标准化研究 / 李迅，赵
一新主编 . —北京：中国建筑工业出版社，2020.11
　　ISBN 978-7-112-25490-3

　　Ⅰ.①一… Ⅱ.①李… ②赵… Ⅲ.①城市铁路—轨
道交通—国际标准—研究 Ⅳ.①U239.5-65

　　中国版本图书馆 CIP 数据核字（2020）第 184886 号

责任编辑：焦　扬
责任校对：芦欣甜

"一带一路"城市轨道交通标准化研究
李迅　赵一新　主编
*
中国建筑工业出版社出版、发行（北京海淀三里河路 9 号）
各地新华书店、建筑书店经销
逸品书装设计制版
北京中科印刷有限公司印刷
*
开本：787 毫米 ×1092 毫米　1/16　印张：13¼　字数：249 千字
2020 年 12 月第一版　　2020 年 12 月第一次印刷
定价：**98.00** 元
ISBN 978-7-112-25490-3
（36478）

编写委员会

主编单位：中国城市规划设计研究院

参编单位：北京城建设计发展集团股份有限公司

中铁二院工程集团有限责任公司

深圳市地铁集团有限公司

华中科技大学

中车青岛四方机车车辆股份有限公司

中车长春轨道客车股份有限公司

主　　编：李　迅　赵一新

副 主 编：韩慧敏　李凤军　赵　杰　李国庆　扈　森　简　炼

骆汉宾　徐世东　王　伟

编写人员：（按姓氏笔画排列）

王　建	王　强	王　蔚	王大伟	王小韬	王月宁
王丽华	王昊宇	王经权	王洪波	方昌福	方锦煌
邓　芮	叶九发	田沁菡	史　丹	代　丰	包　童
朱卫平	朱雨婷	朱宗智	邬钰鑫	刘　旭	刘　洋
刘　超	刘龙江	刘启峰	刘鸿旭	齐玉文	孙　峻
孙　淼	孙玲美	李　雄	李　震	李晓雪	杨则云
杨芷灵	肖世雄	吴　青	吴　浩	吴冷西	何　全
何　懿	何宝恩	何麟辉	汪科成	张　楠	张开波
张元坤	张济武	张雪军	张樾蔾	陈　睿	陈小玲

陈世浩　陈齐欢　陈德胜　陈燕申　武晓红　青岚昊

林　瀚　罗　安　罗　信　岳丽雪　周明亮　郑澎钏

郝远行　胡朱敏　胡典兵　钟波涛　饶　欣　姜　凯

姜　诚　宫海燕　姚振勇　袁虎林　柴家远　徐　骏

徐素敏　高　亮　郭　毅　唐智鹏　黄泽明　崔英杰

梁井泉　颉元伟　彭馨慧　董　倩　程　新　曾康球

富科军　雷　芳　雷　坤　廖文彬　廖锦艺　谭德武

缪道平　魏　星

序

从1965年北京市第一条地铁线路建设开始，我国城市轨道交通发展至今已有50多年的历史。我国城市轨道交通是在独特的背景下成长起来的，它基于中国的实际需求和产业基础，坚持独立自主与引进消化相结合的技术方法，创造了世界城市轨道交通建设发展的奇迹，极大地满足了人民群众出行需求。

截至2019年底，我国内地累计有40个城市开通轨道交通，运营线路总里程达6730.27km，年客运量237.1亿人次；在建线路规模持续增长，内地56个城市在建线路总规模达6902.5km。我国城市轨道交通在规划、设计、管理、施工和运营等方面具有较大优势，走出国门的领域与项目逐渐扩大，如设计、施工、运营、维护、车辆产品等，总结技术优势、了解国际标准趋势、梳理标准体系、深入开展标准国际化工作恰逢其时。

《"一带一路"城市轨道交通标准化研究》一书，依托海外项目案例，以研究篇和案例篇系统梳理了"一带一路"沿线72个国家的工程建设管理体制、制度、城市轨道交通标准现状及发展趋势，深入剖析了我国城市轨道交通标准在海外项目应用中取得的经验、存在的困难和问题。通过借鉴发达国家和地区城市轨道交通标准国际化经验，对比我国标准与发达国家标准主要内容、指标差别，结合"一带一路"倡议下我国城市轨道交通标准国际化的现实需求，以及我国城市轨道交通领域参与国际标准化工作的经验，研究提出有针对性、灵活性的城市轨道交通标准国际化的对策和建议。

随着经济全球化不断发展，标准化工作得到越来越多的重视。主要发达国家都有明确的、持之以恒的标准国际化战略，都力图在国际标准中烙上自己的印记，我国也不例外。2017年年底，推进"一带一路"建设工作领导小组办公室印发了《标准联通共建"一带一路"行动计划（2018—2020）》，提出要聚焦互联互通，建设关键通道和重大项目，开展基础设施、产能合作等标准化工作，促进标准化战略、政策、措施、项目的全方位对接，推动标准研究、制定、互换、互译、互认、转化、推广等全过程融通，努力实现各国标准体系相互兼容，树立共建"一带一路"倡议中国标准新形象。2018年1月1日开始实施的新版《中华人民共和国标准化法》第八条提出：国家积极推动参与国际标准化活动，开展标准化对外合作与交流，参与制定国际标准，结合国情采用国际标准，推进国内标准与国外标准之间的转化运用。

《"一带一路"城市轨道交通标准化研究》的出版，对主管部门制定城市轨道交通标准国际化相关政策具有重要的参考价值，对城市轨道交通行业参与"一带一路"建设具有借鉴意义。通过严谨求实的研究，制定我国城市轨道交通标准国际化发展战略，可加快推动我国城市轨道交通标准国际化步伐。希望本书的出版能为各位同行和相关人士提供有益的启发，共同研究、推动实现城市轨道交通标准在"一带一路"沿线国家的"软联通"，使城市轨道交通成为中国制造的又一张靓丽"名片"，更好地服务国家及全世界。

杨保军

2020年8月

前　言

"一带一路"倡议是以习近平同志为核心的党中央主动应对全球形势深刻变化、统筹国内国际两个大局作出的重大战略决策,对推进我国新一轮对外开放和沿线国家共同发展意义重大。倡议提出以来,建设成果丰硕,以中巴、中蒙俄、新亚欧大陆桥等经济走廊为引领,以陆海空通道和信息高速路为骨架,以铁路、港口、管网、城市轨道交通等重大工程为依托的复合型基础设施网络正在形成。

城市轨道交通具有节能节地、运量大、安全可靠等特点,是重要的城市交通基础设施,也是"一带一路"建设的优先领域。我国与沿线部分国家如俄罗斯、巴基斯坦、尼泊尔、孟加拉国、乌兹别克斯坦、越南、伊朗、埃及、以色列等均有过项目合作。本书通过开展调研,结合城市轨道交通海外项目案例,按研究篇和案例篇两部分,系统分析了"一带一路"沿线国家城市轨道交通标准现状与发展趋势,借鉴发达国家标准国际化经验,结合海外项目应用标准情况,总结了我国城市轨道交通标准国际化面临的困难和问题,提出了有针对性的标准国际化对策和建议。

研究篇第1章和第2章梳理了"一带一路"沿线72个国家城市轨道交通规划、建设、运营等的基本情况,包括工程建设与标准的相关法律、法规、政策及标准化管理制度等内容;除少部分来自国内企业的海外项目案例外,主要通过广泛查阅相关资料经梳理、分析、提炼后获得。在此基础上,第3章分析了沿线国家城市轨道交通标准应用现状,并从标准编制的基本原则、标准的实施和监督、标准体系的开放性和灵活性三个方面概括了其发展趋势。

第4章从工程建设的国际规则,如公共采购与标准、技术法规制度、合格评定(认证)等方面分析了美国、欧盟和英国等发达国家和地区城市轨道交通工程建设制度，研究了与制度相关的标准，尤其是工程建设标准使用方式，探讨了"一带一路"倡议下我国工程建设及标准国际化的途径和措施。

第5章从城市轨道交通标准化历程、标准技术进步、标准体系建设三个维度概览了我国城市轨道交通标准化工作全貌。第6章通过介绍国际标准化组织（ISO）、国际电工委员会（IEC）、国际铁路联盟（UIC）三大国际标准平台的概况，以及我国所做工作与成果贡献，总结了我国城市轨道交通领域参与国际标准化活动的经验。

第7章从标准的特征、组成、内容等方面，分阶段、分对象、分专业对比分析了我国城市轨道交通标准和国外标准的主要指标异同点。第8章结合典型海外工程项目和车辆出口项目案例应用标准情况，剖析了我国城市轨道交通标准在国外应用存在的主要困难和问题。第9章进一步分析了城市轨道交通标准国际化的现实需求，给出了城市轨道交通标准国际化的对策及建议。

案例篇从调研的一系列海外项目中选取6个作为典型案例。选取原则包括项目类别、采用标准情况以及区域代表性三方面。每个案例的编排体例有一定的统一性，包括项目基本概况、标准应用情况、工程建设管理体制和制度、有关政策文件等方面，我国城市轨道交通项目海外拓展的艰辛历程从中可见一斑，同时，也反映了我国城市轨道交通标准国际化的困难与希望。

本书编写历时两年，在住房和城乡建设部"城市轨道交通工程建设标准在'一带一路'建设中应用情况调查"课题研究的基础上，经过进一步探讨研究、补充调研与意见整合后汇总成稿。中国城市规划设计研究院作为项目的承担单位对本书的编写给予了大力支持，北京城建设计发展集团股份有限公司、中铁二院工程集团有限责任公司、深圳市地铁集团有限公司、华中科技大学、中车青岛四方机车车辆股份有限公司、中车长春轨道客车股份有限公司等作为项目参编单位，对本书的编写给予了全力配合，在此一并感谢。限于诸多因素，难免有疏漏之处，恳请读者批评指正，多提宝贵意见。

目　录

研究篇

研究篇

1 "一带一路"沿线国家城市
  轨道交通基本情况

1.1 调研国家及所在区域

本书共梳理了"一带一路"沿线72个国家的城市轨道交通基本情况,涉及
东亚、东南亚、西亚、南亚、中亚、欧洲及其他地区,调研国家及所在区域如
表1-1所示。

"一带一路"沿线调研国家及所在区域 表1-1

区域	国家
东亚2国	蒙古、韩国
东南亚10国	新加坡、马来西亚、印度尼西亚、缅甸、泰国、老挝、柬埔寨、越南、文莱、菲律宾
西亚19国	伊朗、伊拉克、土耳其、叙利亚、约旦、黎巴嫩、以色列、巴勒斯坦、沙特阿拉伯、也门、阿曼、阿联酋、卡塔尔、科威特、巴林、塞浦路斯、格鲁吉亚、阿塞拜疆、亚美尼亚
南亚8国	印度、巴基斯坦、孟加拉、斯里兰卡、马尔代夫、尼泊尔、不丹、东帝汶
中亚6国	哈萨克斯坦、乌兹别克斯坦、土库曼斯坦、塔吉克斯坦、吉尔吉斯斯坦、阿富汗
欧洲21国	俄罗斯、乌克兰、白俄罗斯、摩尔多瓦、波兰、立陶宛、爱沙尼亚、拉脱维亚、捷克、斯洛伐克、匈牙利、斯洛文尼亚、克罗地亚、波黑、黑山、塞尔维亚、阿尔巴尼亚、罗马尼亚、保加利亚、马其顿、希腊
其他地区6国	埃及、摩洛哥、南非、新西兰、巴拿马、马达加斯加

1.2 调研国家城市轨道交通发展概况

通过广泛查阅相关资料,结合部分企业的国外工程案例,可了解"一带一
路"沿线国家城市轨道交通现状。由于涉及国家较多、分布区域较广,且调研
国家语言类型众多,加上信息获取渠道有限,有些国家城市轨道交通的信息并

不完整，尤其是城市轨道交通线路规划情况更难获得。在调研的72个国家中，各国情况不同，有些国家城市轨道交通系统已相当发达，如韩国的首尔、马来西亚的吉隆坡，但仍然会根据情况适时完善网络、规划、建设、开通新线路；有些国家完全没有轨道交通，但已进行了相关规划，并正在建设，比如印尼的雅加达、越南的河内；有些国家已在进行规划，比如柬埔寨的金边。基于此，本章将从开通运营、正在建设、已规划、无城市轨道交通及相关规划四个方面分区域梳理调研国家城市轨道交通发展概况。同时，为了使统计信息相对全面，将根据既有调研资料尽量分城市、分制式进行汇总。对于已开通运营城市轨道交通的国家，将统计其已运营城市轨道交通的系统制式（包括地铁、轻轨、单轨、有轨电车、磁浮、自动导向轨道、市域快速轨道系统）、线路条数及运营里程；对于正在建设城市轨道交通的国家，将统计其在建线路系统制式、条数及在建里程；同样，对于规划城市轨道交通的国家，将统计其规划线路制式、条数及规划里程。

1.2.1 调研国家城市轨道交通运营线路

已开通运营城市轨道交通的国家有31个，包括：东亚的韩国；西亚6国——土耳其、阿联酋、沙特阿拉伯、以色列、伊朗、格鲁吉亚；南亚3国——印度、巴基斯坦、斯里兰卡；中亚2国——乌兹别克斯坦、哈萨克斯坦；东南亚4国——新加坡、泰国、马来西亚、菲律宾；欧洲10国——俄罗斯、乌克兰、白俄罗斯、爱沙尼亚、捷克、波兰、罗马尼亚、保加利亚、匈牙利、希腊；以及其他区域5国——埃及、巴拿马、摩洛哥、南非、新西兰。运营制式涉及除磁浮外的全部类型，运营线路条数和里程最多的是地铁制式，其次是轻轨，但从城市数量看，运营有轨电车的城市要多于轻轨（表1-2）。

调研国家城市轨道交通运营线路统计   表1-2

区域	国家	制式	条数	运营里程（km）
东亚1国	韩国	地铁（首尔）	9	314
西亚6国	土耳其	地铁、轻轨、有轨电车（12个城市）	—	500
	阿联酋	地铁（迪拜，无人驾驶）	2	74.6（地下13）
		单轨（朱美拉棕榈岛）	1	5.45
		有轨电车（迪拜）	1	14.5
		各制式合计	4	94.55
	沙特阿拉伯	轻轨（麦加，中国建造、欧洲标准）	1	18.25
	以色列	地铁（海法）	1	1.8
		轻轨（耶路撒冷）	1	13.9

区域	国家	制式	条数	运营里程（km）
西亚6国	以色列	两种制式合计	2	15.7
	伊朗	地铁（德黑兰、马什哈德、伊斯法罕、大不里士、设拉子）	8	—
		市域快线（德黑兰）	1	
	格鲁吉亚	地铁（第比利斯）	3	27.1
南亚3国	印度	地铁（德里，1条为无人驾驶）	8	277
		孟买、加尔各答、班加罗尔、金奈、海德拉巴、科钦等一线城市均有运营或在建地铁	—	—
	巴基斯坦	地铁（拉合尔）	1	27.1
	斯里兰卡	有轨电车（科伦坡）	—	—
中亚2国	乌兹别克斯坦	地铁（塔什干）	3	36.2
	哈萨克斯坦	地铁（阿拉木图）	1	8.5
		有轨电车（卡拉干达、巴甫洛达尔、铁米尔套等）	—	—
东南亚4国	新加坡	地铁	5	170.1
		轻轨	3	28.8
		两种制式合计	8	198.9
	泰国	地铁（曼谷）	1	20
		轻轨（曼谷）	2	55
		两种制式合计	3	75
	马来西亚	地铁（吉隆坡）	2	108
		轻轨（吉隆坡）	2	56
		单轨（吉隆坡）	1	8.6
		自动导向轨道（吉隆坡）	1	1.2
		各制式合计	6	173.8
	菲律宾	地铁	1	—
		轻轨	2	—
		两种制式合计	3	
欧洲10国	俄罗斯	地铁（圣彼得堡）	5	113.5
		地铁（莫斯科）	14	346.2
		地铁线路合计	19	459.7
	乌克兰	地铁（基辅）	3	67.6
		地铁（哈尔科夫、第聂伯）		33.2
		地铁线路合计		110.8

续表

区域	国家	制式	条数	运营里程（km）
欧洲10国	白俄罗斯	地铁（明斯克）	2	30.3
	爱沙尼亚	有轨电车（塔林）	1	39
	捷克	地铁（布拉格）	3	60
	波兰	地铁（华沙）	2	29.9
	罗马尼亚	地铁（布加勒斯特）	5	69.25
	保加利亚	地铁（索菲亚）	2	40
	匈牙利	地铁（布达佩斯）	4	39.1
	希腊	地铁（雅典）	3	73.7
其他5国	埃及	地铁（开罗）	3	70
		有轨电车（开罗）	2	—
		有轨电车（亚历山大）	2	—
		各制式合计	7	
	巴拿马	地铁（巴拿马）	1	13.7
	摩洛哥	有轨电车（拉巴特-塞累）	2	19
		有轨电车（卡萨布兰卡）	1	31
		有轨电车线路合计	3	50
	南非	地铁（约翰内斯堡）	2	76.3
	新西兰	地铁（惠灵顿）	4	—
		地铁（奥克兰）	1	4.4
		地铁线路合计	5	—

运营制式最多的是马来西亚的吉隆坡，既有运行于吉隆坡国际机场的自动导向轨道系统（APM），也有地铁、轻轨、单轨等制式，且有一段无人驾驶线路，但由于吉隆坡都市圈的轨道交通网络由3家公司运营，相互换乘时须分开购票，会带来一定不便和额外花费。

线路条数最多的是俄罗斯，根据本次调研统计，共有19条线路（459.7km），其中莫斯科有14条线路（346.2km）；其次是韩国的首尔，目前共运营9条地铁线路，运营里程314km，并有1条在建线路。

造价最高、最先进的是阿联酋的迪拜地铁，2009年已开通了全自动无人驾驶的地铁线路。该线路全线开通后将是世界上最长的无人驾驶线路；由于采用全自动无人驾驶，其制动和加速均为最佳状态，运行时节约能耗，停靠站点准时，车辆利用率高，运营所需的车辆少，车与车之间的时间间隔仅需100s，即使遇到大型活动，也无须增加车次；车厢配备真皮座椅、影音系统、电玩游戏及无线上网设备；票价按车厢分级，有金级即头等车厢、一般车厢和妇幼车厢

3种票价。

运营线路最短、最倾斜的是以色列的海法地铁，仅1.8km，由于海法地铁很大一部分都坐落在卡梅尔山上，地铁从月台、轨道到列车，全部都有很大的坡度或阶梯，车厢内也呈现阶梯状。

1.2.2 调研国家城市轨道交通建设线路

正在建设城市轨道交通的国家有15个，包括：西亚5国——土耳其、卡塔尔、阿联酋、以色列、伊朗；南亚的孟加拉国；中亚的哈萨克斯坦；东南亚4国——印度尼西亚、马来西亚、越南、菲律宾；欧洲2国——俄罗斯、希腊；以及其他区域2国——埃及、摩洛哥。在建线路系统制式包括地铁、轻轨、有轨电车、市域快线4种，在建线路条数和里程最多的是地铁制式，其次是轻轨（表1-3）。

调研国家城市轨道交通建设线路统计 　　　　　　　　　　　　表1-3

区域	国家	制式	条数	建设里程（km）
西亚5国	土耳其	有轨电车	—	—
	卡塔尔	地铁（多哈）	4	300
		轻轨（卢萨尔）	3	19
		两种制式合计	7	319
	阿联酋	地铁（迪拜）	3	243
		地铁/轻轨（阿布扎比）	1	18
		轻轨/有轨电车（阿布扎比）	2	28
		各制式合计	6	289
	以色列	轻轨（耶路撒冷蓝线，红线延长段也在施工）	1	20
		轻轨（特拉维夫）	1	23
		轻轨线路合计	2	43
	伊朗	地铁、市域快线（阿瓦士、卡拉季）	—	—
南亚	孟加拉国	地铁（达卡）	1	20.1
中亚	哈萨克斯坦	轻轨（阿斯塔纳）	1	41.81
东南亚4国	印度尼西亚	地铁（雅加达）	1	23.8
	马来西亚	地铁	1	52.2
	越南	地铁（胡志明市）	1	—
		轻轨（河内）	3	13（1条线）
		两种制式合计	4	—
	菲律宾	地铁	1	22.8

续表

区域	国家	制式	条数	建设里程（km）
东南亚4国	菲律宾	轻轨	1	4
		两种制式合计	2	26.8
欧洲2国	俄罗斯	地铁（莫斯科第三换乘环线的一部分）	1	4.587
	希腊	地铁（萨洛尼卡）	1	9.6
其他2国	埃及	地铁（开罗）	1	13
		市域快线（斋月十日城）	1	65.6
		两种制式合计	2	78.6
	摩洛哥	有轨电车（卡萨布兰卡）	1	17

1.2.3 调研国家城市轨道交通规划线路

正在规划城市轨道交通的国家有18个，包括：东亚2国——韩国、蒙古；西亚4国——塞浦路斯、土耳其、科威特、以色列；南亚3国——印度、巴基斯坦、斯里兰卡；中亚的哈萨克斯坦；东南亚4国——印度尼西亚、马来西亚、菲律宾、柬埔寨；欧洲3国——俄罗斯、克罗地亚、匈牙利；其他地区的埃及。规划线路制式包括地铁、轻轨、有轨电车和单轨，大部分国家采用的是地铁制式（表1-4）。

调研国家城市轨道交通规划线路统计 表1-4

区域	国家	制式	条数	规划里程（km）
东亚2国	蒙古	地铁	1	—
	韩国	地铁	1	—
西亚4国	塞浦路斯	有轨电车（尼科西亚）	—	—
	土耳其	有轨电车	—	—
	科威特	地铁	—	416
	以色列	轻轨（贝尔谢巴、耶路撒冷）	—	—
		轻轨（特拉维夫）	4	—
南亚3国	印度	艾哈迈达巴德、普纳等二线城市均已规划城市轨道交通	—	—
	巴基斯坦	单轨（伊斯兰堡、拉合尔）	—	—
		地铁（白沙瓦）	—	—
	斯里兰卡	地铁（科伦坡）	—	—
中亚	哈萨克斯坦	轻轨（阿斯塔纳）	—	—
东南亚4国	印度尼西亚	地铁（雅加达）	—	—
	马来西亚	地铁	1	40

区域	国家	制式	条数	规划里程（km）
东南亚 4国	菲律宾	地铁（马尼拉）	1	57.7
		单轨（伊洛伊洛）	1	8.2
		两种制式合计	2	65.9
	柬埔寨	单轨（金边）	1	14.126
欧洲 3国	俄罗斯	地铁（莫斯科）	10	250
	克罗地亚	地铁（萨格勒布）	—	—
	匈牙利	地铁（布达佩斯）	1	—
其他	埃及	地铁（开罗）	3	—

1.2.4 无城市轨道交通及相关规划的调研国家

调研发现，有33个国家完全无城市轨道交通及相关规划，分别是：西亚10国——黎巴嫩、叙利亚、约旦、伊拉克、巴勒斯坦、也门、巴林、阿曼、阿塞拜疆、亚美尼亚；南亚4国——尼泊尔、不丹、马尔代夫、东帝汶；中亚4国——吉尔吉斯斯坦、塔吉克斯坦、土库曼斯坦、阿富汗；东南亚3国——文莱、缅甸、老挝；欧洲11国——阿尔巴尼亚、黑山、拉脱维亚、立陶宛、塞尔维亚、克罗地亚、波黑、马其顿、斯洛文尼亚、斯洛伐克、摩尔多瓦；以及其他区域的马达加斯加。

1.3 小结

1.3.1 东亚

东亚地区调研的国家包括韩国和蒙古，其中韩国在城市轨道交通领域发展潜力较大，首都圈以首尔的9条地铁为主。截至2015年底，整个地铁里程314km，未来还将规划建设一条新线路及多条线路的延长线。蒙古国基础设施发展仍处于起步阶段，近年来基础设施建设较快，已在首都乌兰巴托规划了1条地铁线路。

1.3.2 西亚

西亚19国城市轨道交通产业总体较不发达，许多国家处于无城市轨道交通或仅有在建轨道交通项目的状态，有10个国家既无运营，也无规划。我国的中铁二十三局曾与格鲁吉亚就第比利斯绕城地铁达成过战略合作，对于我国企业在海外承包工程有一定的借鉴意义。

1.3.3 南亚

在本次调研的南亚地区中，印度、巴基斯坦的城市轨道交通建设发展很快，网络较为健全，而尼泊尔、不丹、东帝汶、马尔代夫、斯里兰卡的城市轨道交通较为落后。

从我国在这些地区城市轨道交通工程的实践来看，我国与该地区的多个国家已有城市轨道交通项目合作经历，如巴基斯坦、尼泊尔、孟加拉国等。

1.3.4 中亚

中亚地区的乌兹别克斯坦首都塔什干是中亚首座有城市轨道交通系统的城市，现有3条线路；哈萨克斯坦有6座城市存在过有轨电车系统，但目前大部分已拆除，阿拉木图运营有地铁，阿斯塔纳正在建设轻轨；其余4国没有也未规划城市轨道交通系统。

1.3.5 东南亚

东南亚地区的文莱、缅甸、老挝完全没有城市轨道交通及相关规划，城市轨道交通建设较为发达的国家是新加坡、马来西亚（主要是首都吉隆坡），其次是泰国和菲律宾，其他国家相对较为落后，但也有在建或规划城市轨道交通线路。

1.3.6 欧洲

从城市轨道交通现状上来看，欧洲地区调研国家的轨道交通建设水平参差不齐。俄罗斯、乌克兰、白俄罗斯、格鲁吉亚、爱沙尼亚、捷克、波兰、罗马尼亚、保加利亚、匈牙利10国有地铁等城市轨道交通，俄罗斯、乌克兰、白俄罗斯、格鲁吉亚的城市轨道交通建设相对较为发达，尤其是俄罗斯；其余国家无论从速度，还是从网络健全程度看，城市轨道交通建设现状均较为落后，有些国家既没有城市轨道交通设施，也无相关规划，如摩尔多瓦、阿尔巴尼亚、黑山、拉脱维亚、立陶宛、塞尔维亚等。

2 "一带一路"沿线国家城市轨道交通 工程建设管理制度

在调研"一带一路"沿线72个国家城市轨道交通基本情况的基础上，同步调研了这些国家城市轨道交通工程建设管理制度。主要内容包括：国家工程建设及标准的相关法律、法规、制度和政策情况，工程项目的监管部门、监管机制及有关情况以及工程建设标准化工作的负责部门及相关情况。由于调研国家较多、各国情况不同，本章将按区域梳理各国的情况，即东亚2国、东南亚10国、西亚19国、南亚8国、中亚6国、欧洲21国以及其他区域6国。

研究发现，工程建设相关法规有代表性、有普遍意义的主要是所在国的公共采购制度，本章调研内容更多地选择了所在国有关政府公共采购方面的法规。

2.1 东亚

对东亚2国即韩国、蒙古的调研发现，蒙古有关工程建设的法律不健全，且无相关标准化机构，招投标往往由发标单位自行决定，多数没有监督和公证单位参与；韩国的工程建设相关法律较为健全，标准化管理部门体系也很完善。

在标准使用方面，蒙古的工程建设对国际标准很看重，优先采用本国所承认的国际标准；韩国一般采用国家总统令规定的标准（表2-1、表2-2）。

东亚地区调研国家工程建设及标准相关法规 表2-1

国家	法规名称	涉及主要内容
蒙古	政府采购法	以蒙古所承认的国际标准为基础，在没有国际标准的情况下，以国家标准、技术要求、规范、规章制度为依据
韩国	政府采购法执行令	商品、性能、技术或质量应当符合总统令规定的标准
	城市铁路建设条例	有关城市轨道交通的建设和运营应当遵循国土、基础设施和运输部的条例规定

东亚地区调研国家标准化负责部门及相关情况　　　　表2-2

国家	标准化机构/上级隶属部门	标准体系	参与国际组织情况
蒙古	—	以蒙古所承认的国际标准为基础，以国家标准、技术要求、规范、规章制度为依据	—
韩国	韩国标准学会（KATS） 韩国标准科学研究院 韩国技术标准院/韩国知识经济部	一般采用国家总统令规定的标准	在国际标准化组织（ISO）、国际电工委员会（IEC）、太平洋地区标准大会（PASC）等国际和区域性标准化组织中扮演重要角色

2.2 西亚

西亚地区调研国家包括伊朗、伊拉克、土耳其、叙利亚、约旦、黎巴嫩、以色列、巴勒斯坦、沙特阿拉伯、也门、阿曼、阿联酋、卡塔尔、科威特、巴林、塞浦路斯、格鲁吉亚、阿塞拜疆、亚美尼亚等19国。

西亚地区许多国家城市轨道交通技术法规和标准体系不够健全。部分国家在公共采购方面的立法不完善，如黎巴嫩、叙利亚等，对国家工程建设项目采用的标准要求尚无明确规定。

标准方面，西亚地区大多数国家倾向于采用国际标准，或者依据国际标准如ISO标准、欧盟标准、GCC（Gulf Cooperation Council，海湾阿拉伯国家合作委员会）标准等来制定本国标准。除少数国家明确采用欧盟标准外，大多数国家对于国际标准的范围尚不确定。格鲁吉亚、亚美尼亚对国家标准特别重视，在这些国家的相关采购文件中，都规定当国家标准不存在时，所使用的标准必须与国际临时技术文件或国际标准相符（表2-3、表2-4）。

西亚地区调研国家工程建设及标准相关法规　　　　表2-3

国家	法规名称	涉及主要内容
塞浦路斯	12（1）号公共合同法	国家标准按下列顺序置换：①欧洲标准；②欧洲技术认证；③通用技术规范；④国际标准；⑤其他技术参考系统的国家标准。当这些标准不存在时，按照塞浦路斯标准、塞浦路斯技术批准或塞浦路斯技术规格执行
土耳其	第14734号公共采购法	工程所用的技术规范必须确保符合国家或国际技术标准；若无法确定技术特征，可以指定品牌或型号
黎巴嫩	第11404号法令	将黎巴嫩标准NL49、NL50和NL51确定为钢筋混凝土的强制性标准

续表

国家	法规名称	涉及主要内容
黎巴嫩	第14293号法令	确定了建筑物、其他设施和电梯必须具备的一般安全防火防震条件和要求
约旦	第(71)号附例政府工程附则	规范政府建设和技术服务,列明政府招投标局的管辖权和权限
	第13号建筑承包商法	调整各项建设项目的建设和运行维护,规定承包商的许可和资格认证措施,规范建筑承包商协会
伊拉克	87号令公共合同	在编制本命令所要求的实施条例时,政府公共合同政策机构应当以公认的国际标准和最佳实践为指导
巴勒斯坦	第(6)号法律	所有的协议和合同条件应该是阿拉伯语,但规格、布局、技术报告和信函可以用英文,合同可翻译成英文,但以阿拉伯文为准
也门	23号投标、拍卖和仓库法	采购交易的技术要求和规格应当遵守适用于采购程序的国际标准,但相关法律规定使用也门标准或国际标准不符合实际要求的情况除外
巴林	2002年第36号关于规范政府招标和采购的法令	对所需货物,建筑工程或服务有经验的委员会应制定规范。如有必要,并经董事会批准,可寻求王国或国外的咨询公司协助。委员会应尽可能确保这些规范与当地生产的性质保持一致。此外,这些规范应符合巴林标准规范和由专业技术机构批准的其他规范
科威特	公开招标法	国家采购的产品应当符合由国家批准的GCC权威规范和标准,或者国内适用的规范(如有);如果二者都不存在,可以适用国际规范
阿曼	第36号皇家法令	没有在阿曼苏丹国登记的国际公司和机构可以参加国际招标,只要他们在收到招标通知之日起30个工作日内按阿曼苏丹国现行规定完成登记
沙特阿拉伯	政府招标采购法	合同应根据批准的标准规格或国际规格、准确和详细的术语及技术规格签订
以色列	5753号强制招标法	"环境标准"应是以色列标准,或者环境保护部根据本条例承认的其他国际标准
伊朗	《最大限度地使用国家的技术、设计、生产、工业及实施能力去执行项目和便利服务出口法》第三条款的实施细则(文号1017002)	所有的招标项目只能由伊朗当地公司参加,只有在伊朗公司无法实施项目时才允许国际招标
	伊朗标准与工业研究所法(ISIRI Law)	列出了伊朗可以接受的标准与技术法规,包括国家标准,其中对中国标准有一项规定,即"仅限于引用参考上述标准",同时在案例标准中也列出了几项可以接受的中国标准

续表

国家	法规名称	涉及主要内容
格鲁吉亚	国家采购法、国家采购法实施细则	规定了利用国家资金进行采购所必须遵守的规则，主要用于规范属于国家财政拨款的政府部门采购和国有企业的采购行为
亚美尼亚	公共采购法	基于采购项目的特点，其技术性能结合的质量、标准、安全、标记、术语、包装、卸货、测量、设计和其他明确的技术采购商品的属性描述、工作或服务，符合RA规范、文档和标准，当RA规范不存在时，与国际临时技术条件或国际标准相符

西亚地区调研国家标准化负责部门及相关情况 表2-4

国家	标准化机构/上级隶属部门	标准体系	参与国际组织情况
塞浦路斯	塞浦路斯标准化组织（CYS）/国家	欧盟指令和标准	ISO和三个主要欧洲标准组织的正式成员
土耳其	土耳其标准机构（TSE）	欧盟工业指令	—
黎巴嫩	黎巴嫩标准机构（LIBNOR）/黎巴嫩工业部	自愿性标准、强制性标准	食品法典委员会、伊斯兰国家标准和计量研究所（SMIIC）、阿拉伯工业发展和矿业组织（AIDMO）及欧洲标准化委员会（CEN）成员
叙利亚	叙利亚阿拉伯标准和计量组织（SASMO）	按照国际标准采用国家标准和计量法规	—
约旦	标准与计量组织（JSMO）	自愿性标准、强制性标准	—
伊拉克	伊拉克中央标准化和质量控制组织（COSQC）	—	ISO成员
巴勒斯坦	巴勒斯坦标准机构（PSI）	自愿性标准，源自国际标准和建议	—
也门	也门标准化计量和质量控制组织（YSMO）	采用GSO制定发布的标准	海湾阿拉伯国家合作委员会标准化组织（GSO）成员
巴林	巴林标准计量局（BSMD）	采用国际标准或海湾标准作为国家标准，或按国家要求制定标准	GSO成员
科威特	标准和计量部门（KOWSMD）/工业公共管理局	主要来源于美国、欧盟、ISO和GCC标准	GSO成员
阿曼	标准和计量总局（DGSM）/工商部（MOCI）	采用GSO标准或从另一个国际标准组织派生的标准；有强制性标准，在迫切需要的情况下，才在国家层面制定技术法规和标准	GSO成员

续表

国家	标准化机构/上级隶属部门	标准体系	参与国际组织情况
卡塔尔	卡塔尔实验室和标准化事务部门（QS）	标准主要来源于美国、欧盟、ISO和GCC标准	GSO成员
阿联酋	标准化和计量局（ESMA）	根据国际和地区标准（GCC/GSO）制定标准，分强制性标准、自愿性标准	GSO成员
沙特阿拉伯	沙特阿拉伯标准化组织（SASO）	依据ISO、IEC等国际标准和GCC等区域性标准制定	GSO成员
以色列	以色列标准局（SII）/工业、贸易和劳动部（工贸部）	标准主要来源于美国、欧盟、ISO和GCC标准	ISO成员
伊朗	伊朗标准与工业研究所（ISIRI）	国家标准、国际标准、欧洲标准、北美标准、日本标准、韩国标准、澳大利亚标准、中国标准、工厂标准与案例标准	ISO、IEC、国际法定度量衡组织（OIML）、国际计量大会、国际计量委员会执行机构（BIPM）、世界工业与技术研究组织协会（WAITRO）会员
格鲁吉亚	国家标准、技术法规与计量局	—	—
阿塞拜疆	阿塞拜疆国家标准化、计量与专利局/贸易与经济部	—	—
亚美尼亚	亚美尼亚全国标准学会（SARM）	—	ISO成员国

2.3 南亚

　　南亚地区调研国家包括印度、巴基斯坦、孟加拉国、斯里兰卡、马尔代夫、尼泊尔、不丹、东帝汶等8国。

　　南亚的马尔代夫基于环境因素，境内无法建设铁路，尚未查到马尔代夫有关工程建设及城市轨道交通的相关法律法规与标准；尼泊尔有两份采购政策文件，但没有关于标准的有关规定；东帝汶独立时间仅15年，法制不健全，对于外国承包商在当地承包工程暂无特殊规定，且外国承包商在当地承包工程暂无禁止领域，通常都采用公开招标的方式决定。

　　在标准方面，采购政策基本均规定优先使用符合国家要求的、在国际贸易中广泛使用的国际标准，或者使用能保证同等或更高质量的国内或其他国家标准（表2-5、表2-6）。

南亚地区调研国家工程建设及标准相关法规　　　　表2-5

国家	法规名称	涉及主要内容
印度	印度国家建筑法典	主要包括行政条例、发展管制规则、建筑物总要求、防火安全要求、材料结构设计和建筑（包括安全）、建筑和管道服务、可持续性的途径以及资产和设施管理等
巴基斯坦	信德省政府采购条例	如果本规则任何规定与一个或多个国家或任何国际金融机构达成的国际协议所产生的任何义务或承诺相抵触，则根据冲突程度，以此类国际协议的条款为准。所有与政府采购有关的沟通和文件都应用乌尔都语或英语或信德语
	旁遮普省采购条例	同上。所有与政府采购相关的沟通和文件应用乌尔都语或英语，或二者都有
尼泊尔	公共采购规则，2064；公共采购法，2063	—
孟加拉国	2006年公共采购法案	技术规格根据国际贸易中广泛使用的国际标准或标准确定，符合国家要求
斯里兰卡	2006年采购指南	关于外国企业资助代理的部分要求："在外国资助项目的情况下，如果外国资助机构授权使用该资助机构的采购准则，则该资助机构准则应在适用范围内超过这些准则。如果这些准则与资助机构之间存在冲突，资助机构准则应优先于这些准则。"第5.6.3条："（a）尽可能最大限度地使用斯里兰卡标准机构（SLSI）所采用的标准。（b）SLSI标准不可用时，应使用可接受的国际标准。"
不丹	政府采购规则和条例	货物、设备或材料应遵守的标准，或任何可能的性能标准。在招标和合同阶段，应参照国际或国家公认的标准来界定这些标准
东帝汶	有采购法（名称未查到）	部分大型项目采用邀请招标方式，小型项目大多采用国内招标方式；对于公共工程项目，通常采取公开招标方式

南亚地区调研国家标准化负责部门及相关情况　　　　表2-6

国家	标准化机构/上级隶属部门	标准体系	参与国际组织情况
印度	印度标准化局（BIS）	—	—
巴基斯坦	巴基斯坦标准和质量控制局（PSQCA）	—	ISO成员国
孟加拉国	—	主要采用日本标准	—
斯里兰卡	SLSI标准协会/国家科学技术署	主要采用斯里兰卡标准机构SLSI的标准，当不可用时，使用可接受的国际标准	—

2.4 中亚

中亚地区调研了哈萨克斯坦、乌兹别克斯坦、土库曼斯坦、塔吉克斯坦、吉尔吉斯斯坦和阿富汗等6国。从工程建设所采用的标准上，中亚国家采购政策基本均规定优先使用符合国家要求的、在国际贸易中广泛使用的国际标准，或者使用能保证同等或更高质量的国内或其他国家标准。我国在该地区与乌兹别克斯坦有轨道交通设施的合作。该地区对中国标准的接受程度较高，乌兹别克斯坦的卡姆奇克（铁路）隧道全面采用中国标准、中国技术，并取得成功（表2-7、表2-8）。

中亚地区调研国家工程建设及标准相关法规　　　　表2-7

国家	法规名称	涉及主要内容
乌兹别克斯坦	共和国标准化法	如果国际条约或协议中的一些规定和乌兹别克斯坦共和国法律规定的不一致，则使用国际条约或协议中的规定
吉尔吉斯斯坦	公共采购法	修订后的法律得到世界银行的支持，使吉尔吉斯斯坦共和国的公共采购实践符合国际标准
塔吉克斯坦	政府采购法	如果塔吉克斯坦共和国国际协定的规则与现行法律或附属法例相抵触，则以国际协定的规则为准
土库曼斯坦	招标法	旨在发展投标人之间的竞争，确保投标程序的透明度和有效执行，并遵守国际标准
哈萨克斯坦	哈萨克斯坦电子政府采购法	哈萨克斯坦的整个公共采购系统都要使用电子形式
	哈萨克斯坦政府采购法	①进行政府采购所需的商品和服务市场的经验； ②根据哈萨克斯坦关于技术规定的立法，证明国内生产商自愿证明货物的履行情况； ③按照国家标准认证的管理质量体系； ④按照国家标准的要求和（或）按照哈萨克斯坦关于技术规定的立法，确认符合《生态清洁生产标准》的规定，管理环境的认证制度
阿富汗	政府采购法	采用英文或其他国际贸易语言，随标书提交的外文文件应附有翻译成阿富汗官方语言的文件。为避免造成投标人参与采购程序的障碍，招标和资格预审文件应提供确实的描述性信息，包括：工程和服务，描述国家和国际标准

中亚地区调研国家标准化负责部门及相关情况　　　　表2-8

国家	标准化机构/上级隶属部门	标准体系	参与国际组织情况
乌兹别克斯坦	—	主要采用国际(国家间、区域)标准,其次是国家标准、外国国家标准	—
吉尔吉斯斯坦	国家标准与计量研究院	主要根据国际标准制定	—
土库曼斯坦	土库曼斯坦标准信息中心/土库曼斯坦国家标准总局	主要来自原苏联国家标准(ΓOCT)	ISO、国际标准化计量和认证协会(MTC)成员
哈萨克斯坦	哈萨克斯坦技术调节与计量委员会/工业与新技术部	自愿性标准、强制性标准	独联体跨国标准化计量与认证委员会委员
阿富汗	—	—	亚洲开发银行、中亚区域经济合作(CAREC)、国际铁路联盟(UIC)成员国

2.5 东南亚

东南亚地区调研了新加坡、马来西亚、印度尼西亚、缅甸、泰国、老挝、柬埔寨、越南、文莱和菲律宾等10国。

在所调研的东南亚国家中,新加坡有自己国家规定的政府采购文件,且是世界贸易组织《政府采购协议》(WTO Government Procurement Agreement,WTO/GPA)的缔约方,现中国正在加入该组织,若中国成为该协议的缔约方,在新加坡可直接运用GPA的标准。泰国虽然有政府采购法,但对于外资比较欢迎,没有太多的限制,如与中国在轨道交通车辆方面合作时,沿用的是国际标准。老挝目前没有独立的标准组织,我国标准在老挝的认可度非常高。柬埔寨、菲律宾没有城市轨道交通标准(表2-9、表2-10)。

东南亚地区调研国家工程建设及标准相关法规　　　　表2-9

国家	法规名称	涉及主要内容
新加坡	政府采购法案	其主要原则是遵循WTO/GPA有关规定
印度尼西亚	第54号/2010(PR54)总统令	允许中央政府部门和代理机构在预算支出前开展招标程序
马来西亚	公共采购法	①由世界银行、亚洲开发银行和其他外来资金参与的按国际标准公开招标的项目;②政府财政拨款的项目;③政府私营化项目;④私人机构的发展项目
越南	越南招标法	规定了越南的招标活动,以便选择承包商提供咨询服务,用于采购货物,以及用于建筑和安装的投标

东南亚地区调研国家标准化负责部门及相关情况 　　　　表2-10

国家	标准化机构/上级隶属部门	标准体系	参与国际组织情况
新加坡	生产与标准局（PSB）	—	ISO成员国
泰国	泰国工业标准协会/国家工业部、农业部、卫生部等	强制性标准、推荐性标准	—
印度尼西亚	印度尼西亚国家标准总局（BSN）	—	—
缅甸	缅甸国家标准化管理机构	—	东南亚国家联盟（Association of Southeast Asian Nations）成员
马来西亚	马来西亚标准局	主要来自可接受的国际标准或其等效标准	—
老挝	老挝标准计量司（DOSM）/科技技术部（MoST）	标准化工作处于初级阶段，标准缺乏严重，接受来自中国的标准	—
越南	越南标准质量总局（STAMEQ）/越南科学技术部	主要根据区域性和国际性的标准及其他国家的标准制定	ISO成员国
菲律宾	菲律宾贸工部产品标准局	除轨道交通领域采用国际标准，其余领域采用本国标准	—
柬埔寨	柬埔寨工业标准部/柬埔寨商务部进口检验与反诈骗机构	标准体系不健全	ISO成员国

2.6 欧洲

欧洲地区调研了俄罗斯、乌克兰、白俄罗斯、摩尔多瓦、爱沙尼亚、捷克、斯洛伐克、匈牙利、斯洛文尼亚、克罗地亚、波黑、黑山、塞尔维亚、阿尔巴尼亚、罗马尼亚、保加利亚、马其顿、立陶宛、波兰、拉脱维亚、希腊等21国。这些国家大部分为欧盟成员国或候选国，部分为独联体国家；从地理区域看，大部分为中东欧国家。

调研国家均有健全的工程建设法律法规体系，这些体系大多以欧盟的法律法规体系为基础。其中，俄罗斯、乌克兰城市轨道交通建设较为发达，工程建设及城市轨道交通相关法律法规也很完善。

在标准方面，大多数国家对欧洲标准、国际标准的接受程度很高。摩尔多瓦与白俄罗斯目前在轨道交通领域都积极与欧盟标准靠拢；白俄罗斯土木工程业已经开始使用欧盟标准，同时白俄罗斯58项相关标准与欧盟现行标准统一并执行；由于摩尔多瓦目前实施欧洲一体化政策，国家的整体战略是最终加入欧盟，因此所有的工程项目均采用欧盟标准。乌克兰对国家标准特别重视，在其相关采购文件中，规定当国家标准不存在时，所使用的标准必须与国际临时技术文件或国际标准相符。俄罗斯在城市轨道交通工程领域依据的是俄罗斯标准。立陶宛、波兰、拉脱维亚、爱沙尼亚、马其顿、罗马尼亚、斯洛文尼亚、捷克的工程建设标准均以欧洲标准为基础建立，黑山、波黑则将欧洲标准放在第一位，阿尔巴尼亚放在第一位的是国际标准。

从我国在这些地区的实践看，我国有在黑山采用欧洲标准修建铁路的经验，波黑有我国公司中标的"波黑铁路项目"。我国还中标了莫斯科地铁项目，自2017年8月以来，已在莫斯科"大圆线"或"第三交汇道"上建造了4.6km的线路和3个车站；为了应对莫斯科严寒的冬季和复杂的地质条件，施工单位设计并生产了5个隧道盾构机；这也是我国第一次在欧洲建造地铁。同时，我国还承担了莫斯科地铁项目西南线一个标段的设计，由于该标段只是西南线的一部分，需与其他标段有效连接，故俄方要求必须采用俄罗斯标准（表2-11、表2-12）。

欧洲地区调研国家工程建设及标准相关法规 　　　　表2-11

国家	法规名称	涉及主要内容
俄罗斯	俄罗斯联邦技术法规法	俄罗斯标准化的原则是标准自愿采用，但不得制定与技术法规相抵触的标准
乌克兰	政府采购法	规定技术规范应包含技术和质量特征，标准采用现有国家或国际标准的规定、规范和规则。如有必要，应在规范中加上"或等效"字样，并加以说明
阿尔巴尼亚	政府采购法	轨道交通领域首选的是欧洲标准
	阿尔巴尼亚铁路法	信号系统设备、标志及其标志的铁路线、分支、类型、形状、颜色、信号系统与使用维护规程根据欧洲标准，由国家外汇管理局制定并经部批准
黑山	黑山公共采购法	需参照技术规定，规定好技术特征或规格，且要采用黑山所适用的标准，该标准需遵守欧洲标准，当法规和标准不存在时，应符合欧洲标准或国际认可的标准、技术法规或规则
爱沙尼亚	采购法	如果相关领域没有技术标准，则说明对象的技术规格必须按下述顺序准备：①转化为欧洲标准的爱沙尼亚标准；②欧洲标准；③由欧盟成员国任命的批准机构颁发的欧洲技术许可，以及从技术角度所证实的该产品适用于特定用途、符合公共工程基本要求及其特征和规定的应用或使用条款；④按照批准的程序制定的通用技术规范，且发表在欧盟官方公报上；⑤国际标准；⑥由欧洲标准化组织建立的技术控制系统；⑦爱沙尼亚原始标准

国家	法规名称	涉及主要内容
拉脱维亚	公共采购法	技术规范中标准的使用顺序依次为：①符合拉脱维亚国家标准和欧洲技术认证状态的欧洲标准；②通用技术规范；③其他国际标准以及由欧洲标准化机构制定提供的标准；④其他技术参考系统。若没有上述标准，则按照下列顺序：①拉脱维亚国家标准；②国家技术许可或国家技术规范。在每个参考中插入"或同等"等字样
立陶宛	公共采购法	技术规范与标准需要按下列顺序使用，依次为：①立陶宛标准转化的欧洲标准；②欧盟支持的技术规范；③公共技术规范；④国际标准；⑤由欧盟认可的标准化委员会所建立的标准体系
捷克	公共采购法	工程建设领域采购标准使用的顺序：①捷克技术标准转化的欧洲标准，且该标准向公众提供；②欧盟支持的技术标准；③欧盟理事会相关条例；④国际标准化组织通过并向公众提供的国际标准；⑤根据适应市场需求发展的程序，由欧洲标准化组织制定的技术文件
塞尔维亚	公共采购法	在第71条规范所定义的技术规格的情况下，如果投标人提供了足够的证据，证明这些标准符合要求的特征或功能要求，订约方不得拒绝投标人所提供的符合塞尔维亚、欧洲、国际之外的其他标准的商品、服务或作品
波兰	波兰公共采购法	技术规范、标准按下列顺序：①波兰规范转化的欧洲标准；②转化为欧洲标准的其他欧洲经济区（EEA）成员国的标准；③欧洲技术评估，理解为建筑产品根据其基本特征，按照欧洲相关评估文件的规定；④国际标准；⑤通用技术规范，被理解为电信领域的技术规范；⑥标准化机构通过的技术规范，并非强制性规定，专门研制并在防务和安全领域重复和不断使用的技术规范；⑦由欧洲标准化组织制定的其他技术参考系统
克罗地亚	公共采购法附件7	技术规格规定："标准"是指经认可的标准化机构为重复或永久使用而采用的技术规范，其满足并非强制性的要求，并且代表下列情况之一：①"国际标准"是指国际标准化组织采用并向公众公开的标准；②"欧洲标准"是指欧洲标准化组织采用并向公众公开的标准；③"国家标准"是指国家标准化组织通过并向社会公开的标准
波黑	公共采购法	技术规范关于标准的规定： (1) 技术规范对于供应商应是非歧视性的，并确保公平和积极竞争。 (2) 不妨碍波黑法律中规定的强制性技术法规标准化，技术规范的标准应参照：①符合欧洲标准、技术认证或者转化为欧洲标准的BiH标准（波黑标准）、欧盟使用的通用技术规范；②国际认可的标准、技术法规或规范；③其他BiH标准或其他技术性质的参考文件，并附上相关说明产品、服务或符合其他标准或技术参考的国际公认的其他国家的标准化机构至少是实质性的相当于指定的参考文献，也可以接受
马其顿	公共采购法	技术规格标准按下列顺序采用：①欧洲标准；②通过欧洲技术认证，在欧盟使用的通用技术规范；③国际标准或其他技术引用到马其顿，应该采用欧盟所既定路线的标准。如果没有规定，技术规格参照马其顿标准、国家技术认证或与使用货物有关的国家技术规范，设计解决方案或工程用性能来定义

续表

国家	法规名称	涉及主要内容
罗马尼亚	公共采购法	在不影响强制性国家技术规则的前提下,在符合共同法的情况下,订约方按下列顺序确定技术规范标准:①参考转化为欧洲标准的国家标准;②欧洲技术认可;③欧盟使用的通用技术规范;④国际标准或由欧洲标准化机构制定的其他技术参考。当不存在上述情况时,技术规格参照国家标准、国家技术认证或与产品使用或设计、计算和执行工程有关的国家技术规范进行定义。每份参考文献应附有"或同等"的字样
斯洛文尼亚	公共采购法	参照某些技术指标列表及按优先顺序规定的技术规范,包括:根据斯洛文尼亚标准转化的欧洲标准、欧洲技术认证、通用技术规范、国际标准,由欧洲标准化机构所发布的其他技术参考系统,或者对标斯洛文尼亚的技术许可或与之相关的设计、计算及工程使用的商品执行技术规范。对于每个参考文献应给出"或同等"等字样
斯洛伐克	对外投资合作国别(地区)指南	在法律规定和技术标准方面,斯洛伐克全面实行欧盟的规定和标准
保加利亚	公共采购法	该法规定,公共采购项目涉及的技术规范需在采购合同中列明,且采用的规范应当按下列顺序:保加利亚标准转化的欧洲标准、欧洲标准
匈牙利	建设法	在建筑物的改造或翻新施工过程中,应当执行国家建筑标准和要求,特别是下列几点:①保护有价值的景点和城市景观以及独特的建筑资源;②有利的方向;③机械耐力和稳定性;④消防安全;⑤公共卫生健康和环境保护;⑥使用安全;⑦噪声和振动保护;⑧节能和隔热;⑨工人安全
	公共采购法	适用范围规定:"为了授予公共合同、服务或服务特许权,其价值等于或大于设定的阈值,本法所规定的采购程序或特许权授予程序应由第5~7条中界定为缔约方机构的实体进行"

欧洲地区调研国家标准化负责部门及相关情况 表2-12

国家	标准化机构/上级隶属部门	标准体系	参与国际组织情况
俄罗斯	国家标准化技术委员会	自愿性标准,采用国际标准作为制定国家标准的基础,但由于该国际标准的要求与俄罗斯联邦的气候和地理环境特点,以及技术和(或)科技方面的特点不相适应,或由于其他原因,或俄罗斯联邦根据规定程序反对通过该国际标准或标准中的具体条款,而认定该国际标准无法适用的情况除外	—
乌克兰	乌克兰国家计量局	—	—

国家	标准化机构/上级隶属部门	标准体系	参与国际组织情况
白俄罗斯	白俄罗斯国家标准化与认证研究所，白俄罗斯国家计量研究所，白俄罗斯国家标准化、计量与质量管理干部进修学院/白俄罗斯国家标准化、计量与认证委员会	土木工程业采用欧洲标准	
摩尔多瓦	—	自愿性标准，主要采用欧洲标准	—
黑山	—	主要采用欧盟及国际认可的标准	—
爱沙尼亚	爱沙尼亚标准化中心（EVS）	主要采用转化为欧洲标准的爱沙尼亚标准，其次采用欧洲标准	ISO通信成员和欧洲标准化委员会（CEN）正式成员
拉脱维亚	拉脱维亚标准公司（LVS）	符合拉脱维亚国家标准和欧洲技术认证状态的欧洲标准，通用技术规范，其他国际标准以及由欧洲标准化机构制定、提供的其他技术参考系统	参与ISO与IEC、CEN与欧洲电工标准化委员会（CENELEC）等国际标准化机构活动
立陶宛	立陶宛标准局（LST）	标准采用顺序依次为：①立陶宛标准转化为欧洲的技术标准；②欧盟支持的技术规范；③公共技术规范；④国际标准；⑤由欧盟认可的标准化委员会所建立的标准体系	欧洲电信标准学会（ETSI）成员，ISO通信成员，IEC协作成员，波罗的海标准和论坛成员，CENELEC、CEN正式成员
捷克	捷克标准局（CSNI）	主要根据欧洲标准制定	—
波兰	波兰标准化委员会（PKN）	标准使用顺序依次为：①波兰规范转化的欧洲标准；②转化为欧洲标准的其他欧洲经济区成员国的标准；③欧洲技术评估，按照欧洲相关评估文件的规定；④国际标准；⑤通用技术规范；⑥标准化机构通过的技术规范；⑦由欧洲标准化组织制定的其他技术参考系统	ISO创始成员之一，IEC、CEN、CENELEC正式成员
克罗地亚	克罗地亚标准学会	标准主要来源于美国、欧盟、ISO和GCC标准	ISO、ETSI成员
波黑	—	标准使用顺序依次为：①符合欧洲标准、技术认证或者欧洲标准的波黑标准，欧盟使用的通用技术规范；②国际认可的标准、技术法规或规范；③其他波黑标准或其他技术性质的参考文件	

续表

国家	标准化机构/上级隶属部门	标准体系	参与国际组织情况
马其顿	—	标准的采用按下列顺序：①欧洲标准；②通过欧洲技术认证、在欧盟使用的通用技术规范；③国际标准或其他技术标准	—
罗马尼亚	中央标准院/国家科委	标准使用顺序依次为：①转化为欧洲标准的国家标准；②欧洲技术认可；③欧盟使用的通用技术规范；④国际标准或由欧洲标准化机构制定的其他技术参考	—
斯洛文尼亚	—	标准使用顺序依次为：①根据斯洛文尼亚标准转化的欧洲标准；②欧洲技术认证；③欧盟使用的通用技术规范；④国际标准；⑤由欧洲标准化机构所发布的其他技术参考系统	—
斯洛伐克	—	全面实行欧盟的规定和标准	—
保加利亚	保加利亚标准化研究所（BDS）	标准的采用按下列顺序：由保加利亚标准转化的欧洲标准；欧洲标准	参与欧洲和国际一级标准的制定和投票
匈牙利	标准化机构（MSZT）	匈牙利国家标准	ISO、CEN会员
希腊	希腊标准化委员会（ELOT）	自愿性标准，欧洲标准作为国家标准、采用或转化国际标准，无上述标准时，按需求编制标准	ISO、IEC成员

2.7 其他地区

其他地区调研了埃及、巴拿马、马达加斯加、摩洛哥、南非、新西兰等6国，其工程建设及标准相关法规、标准化负责部门及相关情况如表2-13、表2-14所示。

其他地区调研国家工程建设及标准相关法规 表2-13

国家	法规名称	涉及主要内容
埃及	第8号投资激励与担保法	允许外国投资者在大多数行业的项目中拥有高达100%的任何金额
巴拿马	第23号法案	该标准对产品标准、标签和标签认证政策进行了新的处理，并重新定义了标准和工业技术总局（DGNTI）以及巴拿马工业和工业技术标准委员会（COPANIT）的职能
摩洛哥	摩洛哥资本市场监管局市场规则（Règlement Marchés AMMC）	在所有竞争或谈判中，雇主必须尽可能准确地确定需要满足的需求、技术规范和服务的一致性，必须参照符合国际标准的摩洛哥标准来确定，技术规范必须基于性能、容量和质量要求的特性

其他地区调研国家标准化负责部门及相关情况 表 2-14

国家	标准化机构／上级隶属部门	标准体系	参与国际组织情况
埃及	标准和质量控制组织（EOS）／贸易、工业和投资部	技术法规、强制性标准，80%源自ISO等国际机构颁布的标准；在没有强制性埃及标准的情况下，允许进口商从ISO、欧洲、美国、日本、英国、德国等7个国际体系中选择相关标准	—
巴拿马	标准和工业技术总局（DGNTI）、巴拿马工业和工业技术标准委员会（COPANIT）	主要采用美国、欧洲或任何工业国家标准和技术法规	—
摩洛哥	—	主要采用欧洲及美国标准	—
南非	南非标准局（SABS）	采用南非国家标准，20%～25%与国际标准等同	ISO和IEC创始国之一，南部非洲发展共同体标准化组织秘书长承担国，太平洋标准合作组织成员和南美标准合作组织联络成员
新西兰	新西兰标准组织	—	ISO成员国

3 "一带一路"沿线国家城市轨道交通标准发展趋势

3.1 "一带一路"沿线国家城市轨道交通标准现状

在"一带一路"沿线国家中,根据各国城市轨道交通建设状态,可以分为暂未开展城市轨道交通建设、初步开展城市轨道交通建设、完善的城市轨道交通建设三个类型。其中,暂未开展城市轨道交通建设的国家,其主要特点为:城市轨道交通工程建设标准大多尚未建立,处于空白阶段,仅有部分工程建设标准;初步开展城市轨道交通建设的国家,有些标准体系不完整,有些则还没有建立标准;完善的城市轨道交通建设的国家,大多数其城市轨道交通工程建设标准相对完整,但也有些国家具有多个国际标准体系同时并行的状况。

下面结合一些国家城市轨道交通建设的案例及标准化情况,分析"一带一路"沿线国家城市轨道交通标准应用情况和标准现状。

3.1.1 伊朗

伊朗现行的招标法未对标准的使用作出规定。在《伊朗标准与工业研究所法》(ISIRI Law)的第11条列出了伊朗可接受的标准与技术法规,包括国家标准、国际标准、欧洲标准、北美标准、日本标准、韩国标准、澳大利亚标准、中国标准、工厂标准与案例标准。在首都德黑兰地铁建设中采用的有欧洲标准、美国标准和中国标准。随着中国企业在当地承揽的项目越来越多,未来中国标准有可能被更多地采用。

3.1.2 越南

越南尚未形成完整的城市轨道交通工程建设标准体系,目前越南关于城市轨道交通的标准仅制定了部分运营和管理方面的文件。在法律层面上,越南把城市轨道交通纳入了铁路范畴,而对于城市轨道交通的工程建设,则是采用已有的铁路和建筑工程标准。

在河内市轨道交通工程建设中,总承包商和设计单位需要遵守或参考越南法律、国家指导性文件、标准规范等,但基本上当地没有为城市轨道交通建设专门制定的标准。项目总承包商按照自己熟悉的标准进行工程建设,当前在建的三个越南城市轨道交通项目分别采用了中国、法国、日本三套标准。

3.1.3 哈萨克斯坦

哈萨克斯坦在一定程度上沿袭着苏联时期的规范,但是其也制定了自己的城市轨道交通标准和运营规范,包括《哈萨克斯坦规范汇编》《地铁规范》《地铁安全要求》《建筑和建筑材料安全要求》,以及《消防技术安全要求》《桥梁和管道》《采暖通风空调》《热力管线》《支撑和维护结构》《混凝土与钢筋混凝土结构》《人工照明》等涉及城市轨道交通的详细的专业规范。

根据2014年4月17日出台的《哈萨克斯坦道路运输法》第51章第1款第11分项发布的命令,确定了城市轨道交通的运营技术规范。哈萨克斯坦投资发展部运输委员会按照法律规定的程序在国家司法部登记注册该命令。该技术规范涵盖了地铁技术运营程序、车辆运营程序、地铁联动设备和制动设备维护标准,地铁轮组运营程序、地下基础设施运营秩序、地铁轨道的横纵断面、轨道的上层结构、路基和人造结构的运营秩序、钢轨、道岔、轨道、信号标志、轨道的交叉和连接的运营,技术设备、自动化、远动装置、远距离通信的技术运营、地铁供电设备的技术运营、地铁车站设备技术运营;有轨电车技术运营,包括有轨电车基础设施运营、轨道的横纵断面、接触网和电缆技术运营、有轨电车轨道运营等。

为了保证城市轨道交通运营安全,保障乘客人身和财产安全,哈萨克斯坦迫切需要建立和推行城市轨道交通安全标准化体系,出台一系列国家或地方的法律法规和标准来指导和规范城市轨道交通系统建设与运营安全。

3.1.4 埃塞俄比亚

在埃塞俄比亚首都亚的斯亚贝巴轻轨一期工程建设之前,该国没有城市轨道交通工程。目前该国的城市轨道交通工程建设标准化还处于非常初级的阶段,有待于今后不断发展。

第一个轻轨工程(亚的斯亚贝巴轻轨一期工程)在2012年1月至2015年1月期间进行建造,并于2015年11月全面投入商业运营。该项目全面采用中国标准进行建设、运营,机电设备也全部从中国进口。

基于埃塞俄比亚国情,该国并没有类似中国的一套完整的地铁、轻轨设计标准体系，也没有相关设备认证体系。随着埃塞俄比亚轻轨、地铁等建设项目越来越多，不排除该国组织人力、物力参考相关国际和国外标准研究出一套自己的标准体系的可能性。

3.1.5 埃及

埃及城市轨道交通工程建设起步较早，埃及首都开罗地铁从1987年10月开始运营，现有地铁运营线路3条，正在建设3号线的延伸段。

埃及城市轨道交通工程建设虽开始较早，但规模小、持续时间长，受本国社会经济发展限制，其设计工作一直由欧洲主流的工程咨询公司承担，建设及管理也一直由欧洲的工程公司承担，同时，业主的专业工程师大都具有欧美留学背景。近几年在开罗地铁3号线的建设上，本国企业刚开始开展部分工程的设计工作，故埃及未形成完整的城市轨道交通标准体系，城市轨道交通的工程建设标准主要以欧美标准体系为主。

自2000年开始，日本开始从事开罗地铁4号线的前期研究、设计工作，目前已经完成施工图设计，经过十余年的对接与磨合，业主接受了日本的部分理念及标准。

3.1.6 尼日利亚

尼日利亚已经建成城市轨道交通的城市有拉各斯和阿布贾。具备建设城市轨道交通条件并完成前期规划研究的有卡诺市和贝宁城。我国承担建设的阿布贾城市轨道交通一期工程，是该市建设的第一条城市轨道交通线路，按合同规定采用中国标准建设。根据当前状态，未来该国城市轨道交通将依然采用中国标准建设。

3.1.7 小结

"一带一路"沿线大多数国家不强制要求使用本国标准，大都可以接受国际标准，包括欧洲标准、ISO标准、区域性标准化组织的标准等。在大多数未形成城市轨道交通标准体系的国家，由于历史等方面的原因比较倾向于接受国际标准、欧洲标准，但并没有在法律层面限制其他国家的标准。例如，俄罗斯、韩国等已经具备完善的标准体系，需按照其法律及标准体系执行，但若他国标准更合适，也有机会得到局部应用。土耳其、埃及等有部分建设标准，其他借鉴和采用欧美标准、国际标准等。越南、哈萨克斯坦等有部分建设标准，没有完整的标准体系，可结合当地法律情况，采用本国、他国、区域性和国际性的标准。

通过调研具有多年海外项目经验的企业，发现任何标准的实施都有其适用性和局限性。从"一带一路"沿线各国发展情况看，能够建设城市轨道交通的国家和地区都有一定的经济和技术基础，都在慢慢发展适合自己的标准体系。各国各地土建基础设施条件不同，很多国家和地区在长期发展中形成了一套适合当地的做法，有的已发展成当地的标准。

通过对72个国家标准化现状的调研，可对"一带一路"沿线国家城市轨道交通标准的应用情况得出以下总体认识。

（1）中亚和南亚国家对中国标准的接受程度相对较高，有些国家直接采用中国标准。

（2）西亚地区大多数国家倾向于采用国际标准，或者依据国际标准制定本国标准。

（3）欧洲地区对欧盟标准应用较多，这些国家或直接采用欧洲标准，或把本国标准转化为符合欧盟要求的标准，或者以欧洲标准为基础进行本国标准的制定。其中部分独联体国家城市轨道交通建设较为发达，相关法律法规的制度也很完善。

（4）"一带一路"沿线其他国家中，摩洛哥虽地处非洲，但使用欧美标准。南非标准局（SABS）特别重视国际标准，如ISO、IEC标准，在制定本国标准时，都要看是否有相应的国际标准，南非国家标准中有20%～25%与国际标准等同。

3.2 "一带一路"沿线国家城市轨道交通标准发展趋势

随着经济全球化不断发展，标准工作得到越来越多的重视，很多国家纷纷研究制定标准发展战略。通过对"一带一路"沿线国家标准化历程的研究，可对其城市轨道交通标准发展趋势作如下概括。

3.2.1 坚持以绿色、安全和公共利益为核心的基本原则

随着世界范围内可持续发展与环保社会理念不断地提升，以绿色、安全和公共利益为核心成为世界范围内城市轨道交通标准化工作的战略需要。在这一原则的指导下，关系到乘客人身和轨道交通系统的安全（包括公共安全）、卫生与健康、环境保护、节能减排与循环利用、乘客利益、残疾人享有平等服务的内容，将始终位于标准化的优先及核心位置，这也是"一带一路"沿线国家城市轨道交通工程建设标准发展的趋势。

目前，在世界城市轨道交通行业中，绿色建筑评价标准尚未形成适用于城

市轨道交通全线认证的绿色评价体系。"一带一路"沿线许多国家正通过工程建设协会与绿色建筑协会的合作,对建筑评价标准进行适当调整和优化,使其符合城市轨道交通系统的专业要求;基于项目建设和运营管理过程中的信息数据与分类计量数据,形成城市轨道交通系统对能源消耗与环境影响程度的量化指标,最终形成适用于城市轨道交通行业的系统化绿色评价标准。这不仅是技术、管理层面的创新,也是标准体系的创新。

3.2.2 注重标准的实施和监督

无论是技术法规还是技术标准都应得到实施,否则就是一纸空文,如何增强实施成效成为各国标准化工作的重点领域。

以德国为例,其标准实施主要通过技术监督、法规引用标准和合格评定来进行。政府监督机构根据技术法规实施监督,并发放相应的许可,一般对城市轨道交通系统的建设和运营的全过程进行监督。首先是对工程建设的资料进行技术审核,这一审核工作通常由国家技术监督机构主持,如果不符合技术法规的规定,技术监督部门有权否决项目审批部门颁发的项目许可;在项目建设和设备设施制造过程中,要对工程设施、车辆与运营设备等进行监督;即使在新线路建成运营过程中,监督机构也必须监督线路的运营是否安全,是否符合技术法规的规定和标准的要求。如果在法规中引用标准,该标准就必须执行,这种执行可以是整个标准执行也可以是满足法规条文的部分执行。在契约合同中也可引用标准,缔约方必须执行合同引用的标准。合格评定过程实质上是执行标准的过程,也就是认证,这种评定过程主要根据认证机构认可的标准规范来判定是否符合标准,经过认证的产品允许使用相关认证标志,德国为DIN标志;取得标志的产品政府监督部门或者消费者也给予认可;认证机构采用不定期检查的方式判定产品等是否符合标准要求,如有不符合的情况,将取消其认证标志。

国际上将上述活动归结为标准的实施和监督。注重标准的实施和监督将是"一带一路"沿线国家城市轨道交通工程建设标准的发展趋势之一。

3.2.3 保持标准体系的开放性和一定的标准运用灵活性

标准与技术创新具有同样的意义,标准体系的开放性将使标准的互学互鉴成为可能,也为标准的广泛使用增添灵活性和适应性。首先,在城市轨道交通新技术应用中,应力争做到标准先行,从而以标准引导技术应用、规范行业发展。例如,为促进中低速磁浮技术的开发和应用,欧盟等国家开展了中低速磁浮设计、施工验收、车辆、轨排、道岔、运行控制、车辆电气等多项工程建设和产品标准的研制计划。其次，还应保持一定的标准运用灵活性。如一些特殊设计，可能和现行标准条款不符，或很难找到相关标准甚至建议性条款，这种个性化设计就需要工程师通过室内外试验研究、专题分析论证后才能确定方案。因此，保持标准体系的开放性和一定的标准运用灵活性，也将是"一带一路"沿线国家城市轨道交通工程建设标准的发展趋势。

4 发达国家和地区城市轨道交通标准国际化经验

美国和欧盟在国际贸易中处于主要位置，是国际规则的制定者，在当今国际经济规则上处于主导地位。本章通过分析美国、欧盟、英国等发达国家和地区关于城市轨道交通工程建设的制度和相应的国际规则，研究与制度相关的工程建设标准使用方式，总结发达国家标准国际化的经验，探讨"一带一路"倡议下中国工程建设及工程建设标准国际化的途径和措施。通过梳理中国城市轨道交通工程建设标准进入欧美发达国家市场面临的困难及问题，剖析造成困难及问题的原因。

4.1 工程建设的国际规则

4.1.1 相关因素分析

城市轨道交通建设工程通常使用公共资金、服务于公众，通常属于政府采购（government procurement）或公共采购（public procurement）范畴（表4-1），一般遵循国际技术规则和世界各国的法制，而各国法制决定采用技术标准的规则。因此，与其说建设工程应符合某类标准，不如说法规决定标准的使用方式及其相关制度。

公共采购类型及内容   表4-1

采购类型	采购内容
商品/货物（goods）	产品或供应物品，简单物品如办公家具，复杂物品如导弹
工程（works, construction）	如道路建设、桥梁建设和政府建筑建设等
服务（service，包括人工服务）	如政府建筑维护、清扫道路；专业服务，如建筑、工程建设相关服务，法律服务或咨询服务
建筑和工程设计	可以属于工程采购，也可以算作服务采购

4.1.2 WTO规则与标准

根据《世界贸易组织政府采购协议》(WTO/GPA)，政府采购招标文件的必要信息应当包括：根据性能或功能要求列出将采购货物或服务的技术规格要求，而不是根据设计或描述性的特征；若有国际标准，技术规格应当基于国际标准，否则应当基于国家技术法规(national technical regulations)、公认的国家标准(recognized national standards)或者建筑规范(building codes)。采购实体不得以对国际贸易造成障碍或产生此种效果为目的，拟制、采用或实施任何技术法规，或规定任何合格评定程序。

现行世界标准的格局由《世界贸易组织/技术性贸易壁垒协议》(WTO/TBT)固化为通行的国际规则。WTO/TBT旨在确保技术法规、标准和合格评定程序不具有歧视性，并且不会造成不必要的贸易壁垒。该协议要求成员国使用相关国际标准或国际标准的部分作为其技术法规的基础；TBT委员会还申明，国际标准要满足法规制定和市场需要。

发达国家已经主导并完成了工业产品市场、建筑工程的标准布局，包括政府采购合同中采用国际标准和国家标准的规则，全球传统产业分工和价值链格局已经形成并固化，且很难改变。

4.1.3 欧盟公共工程公共采购与标准

欧盟的公共采购估计为每年7200亿欧元，约占欧盟GDP的11%。这个市场优先对欧盟内部市场竞争开放。

1）公共采购

2004年，欧盟发布了公共采购相关指令。

（1）DIRECTIVE 2004/17/EC《水、能源、交通和邮政服务采购程序协调指令》。

（2）DIRECTIVE 2004/18/EC《公共工程合同、公共供给合同和公共服务合同授予程序协调指令》。

以上指令规定无偏见地遵守WTO/GPA协议，按照实现和扩展世界自由贸易的目标，建立一个权利与义务平衡的公共合同多边框架。指令定义的公共合同适用于：提供合同(supply contracts)，包括租借、出租或雇佣；工程合同(work contracts)，包括建筑和土木工程、设计；服务合同(service contracts)，包括人工服务(如政府建筑维护、清扫道路)、专业服务(如建筑、工程建设相关的服务)等。

城市轨道交通和铁路政府采购项目属于DIRECTIVE 2004/17/EC指令

管辖，其建设工程采购属于工程合同；提供网络或运营服务，包括轨道交通（railway）、自动导向系统（automated systems）、有轨电车（tramway）、无轨电车（trolley bus）、公交车（bus）或缆车（cable），属于交通运输服务（transport services）。

在欧盟指令中用特别规则（specific rules）规定公共产品、工程和服务（包括交通运输）公共招标合同通告、合同文件或附属文件应列出技术规范（technical specifications）及标准，并将其规定为固定格式，且必须符合欧洲标准化机构建立的标准体系（包括国际标准、欧洲标准和国家标准）。每个参考采用的标准应当标注符合或等效（or equivalent）标准体系。技术规范应当有清晰的说明，不能有偏见地绑定国家的技术法规。

与公共工程和轨道交通相关的指令还有：

（1）2002年发布的欧盟条例REGULATION（EC）No. 2195/2002《统一公共采购词汇》，规定了欧盟在政府采购方面的统一用语。欧盟认为，不同的用词会损害公共采购的开放和透明，影响公共采购合同的质量。

（2）2008年发布的指令DIRECTIVE 2008/57/EC《欧盟内铁路系统的互操作指令》及其系列法规，以欧盟成员国之间实现铁路互联互通、消除欧盟内部国家间的隔阂为目标，从各国铁路的接口、工程、设备、设施等方面进行了全方位统一规定；要求成员国采取的任何措施都必须证明在技术标准上的必要性，应当满足的基本要求必须与欧盟认可的技术规范或标准一致，不得冲突。

欧盟上述法规无疑是中国工程建设进入欧盟不能越过的门槛。

2）标准规范

（1）协调标准

欧盟遵循WTO/TBT协议规则，在技术领域建立了法规采用自愿性标准（voluntary standards）的法制，其特征为技术法规与标准紧密结合，标准包括国际标准、欧洲标准、协调标准和国家标准。

1985年，欧共体颁布了《欧洲共同体理事会关于技术协调与标准化新方法的决议》，决定实行新的制定欧共体技术法规的方法，即新方法，按照新方法制定的技术法规称为"新方法指令"（New Approach Directives），从而建立了以"新方法指令"为主体的"新方法指令（技术法规）—标准—合格评定程序"的技术法规体系。按照决议，"新方法指令"只规定基本要求，即在安全、健康、环保和消费者权益保护等方面制定基本的、强制性的要求，基本要求的具体化、定量化由"协调标准"（harmonized standards）完成。欧盟委员会根据需要授权欧洲标准化组织（CEN、CENELEC、ETST）制定"协调标准"。

新方法规定：欧共体的技术规范和定量指标由相关的"协调标准"规定，

"协调标准"可作为产品是否符合"新方法指令"的推断依据,即如果产品满足了有关"协调标准",则可推断该产品符合相关指令规定的基本要求。因此,"新方法指令"赋予了"协调标准"以特殊含义,是欧洲标准中具有法律效力的一类技术规范。其法律效力表现在:满足"协调标准"的可直接推断为符合相关指令规定的基本要求,而其他标准或技术规范一般不具备这一效力。虽然"协调标准"在"新方法指令"的范畴中具有法律效力,但"新方法指令"又规定,"协调标准"同其他标准一样,其采用是自愿性的。制造商既可以采用"协调标准",也可以采用其他标准或技术文件来满足"新方法指令"所规定的基本要求。

目前,欧盟市场约80%的产品被要求必须满足相关"新方法指令"规定的基本要求,才可以在市场投放和自由流通。因此,正确认识、理解和采用"协调标准",对于产品更好地满足"新方法指令"的基本要求,顺利进入欧盟市场具有十分重要的意义(吴凌云,2004)。

(2)技术规范

欧盟指令规定公共工程需列出技术规范来作为工程的技术要求。这里的技术规范是每一项公共工程专门制定的技术要求,可以包括标准或标准的一部分,或者现有的技术规范。制定技术规范的规则为:

①技术规范规定的功能和性能要求参照欧洲标准表达,当没有欧洲标准时,参照当事国国家标准,且投标人应有满足采购需要的相应措施;

②国家标准要与欧盟法律兼容,作为参照,国家标准转化为由欧洲标准化机构(European standardisation bodies)建立的欧洲标准、欧洲技术批准文件、统一技术规范(common technical specifications)、国际标准,以及其他技术参照系统;或者参照当事国的国家标准、国家技术批准文件、国家技术规范。每个参照应当注明符合或等效(or equivalent)欧洲标准。

总之,在政府或公共采购中,欧盟已经用法规建立起采用欧洲标准、国际标准和国家标准的技术参照体系及其规则,这些标准及规则对内促进了欧盟市场的一体化,对外成为欧盟重要的技术性贸易壁垒,进入欧盟市场或改变规则是十分困难的。

4.1.4 英国公共工程公共采购与标准

根据欧盟指令DIRECTIVE 2004/17/EC和DIRECTIVE 2004/18/EC,英国颁布了两部主要公共采购合同法规(即《公共合同条例2006》(The Public Contracts Regulations 2006)和《公用事业合同条例2006》(The Utilities Contracts Regulations 2006))及多部配套法规和政府文件。这两部法规采用

欧盟指令规定的供应合同、工程合同和服务合同的定义与内容要求。英国铁路、英国各地方城市公共交通机构，如伦敦地铁和伦敦城市交通的采购（也可称伦敦交通局的采购）属于提供网络运营服务或运营公共服务的政府（公用事业）采购项目。

法规规定，需要拟定的技术规范（technical specifications）必须满足公用事业的公共服务、采购、租用设备或工程及其材料和物品的合同要求，且应当把这些技术规范作为条件列入合同文件。

技术规范应符合英国法规的强制性要求并符合履行欧盟义务的职责，应足够精确地规定公用事业的性能或功能以及环境保护的要求，并采用现行技术规范文件拟定。技术规范采用现行标准的顺序如下。

1）存在现行标准

公用事业合同定义的技术规范按下列顺序参照现行规范文件（标准）拟定。

（1）转化为欧洲标准的英国标准。

（2）欧洲技术批准文件（European technical approvals）。

（3）统一技术规范（common technical specifications，规范由全体欧盟成员国承认并在欧盟官方公报上公布）。

（4）国际标准（international standards）。

（5）由欧洲标准化机构建立的技术参照系统（technical reference systems）。

2）没有现行标准

当不存在按照现行标准建立的技术规范时，采用下列技术规范文件。

（1）英国标准。

（2）英国技术批准文件。

（3）关于设计、计算和工程实施与产品使用的英国相关技术规范。

采用以上文件应当注明符合或等效（or equivalent）为技术规范。

涉及环境保护的技术规范，要有更加详细的内容。

4.1.5 美国公共工程公共采购与标准

1）公共采购

（1）公共采购法规政策

美国联邦政府采购法规以及与政府采购直接或间接相关的法律法规多达500部，有关条款多达4000多个。美国联邦政府签订合同的权利来自美国宪法（U.S. Constitution），同时是联邦政府履行职责必要的附带权利。1831年，美国最高法院的判例承认联邦政府有权签订合同。

美国联邦政府采购有十分复杂的法规，凡是联邦公共交通管理局出资或资助（funding）的公共工程采购项目都必须符合政府采购法规。相关政府采购法规与标准规范举例如下。

①《联邦政府获取条例》（Federal Acquisition Regulation）：规定了建筑工程（architectural or engineering）服务履行技术规范（technical specifications）的要求。直接起草、审查或批准针对采购项目的技术规范属于重要的参与采购行为。发布招标合同信息应包括技术规范、技术数据和其他有关信息。提供产品或服务的合同必须包括满足质量要求的技术规范，通常要求使用最新规范。非营利机构合同应当采用联邦规范、标准和标准化文件；当没有规范或标准时，应采用市场上最高的质量要求。其中，标准应符合OMB A-119（《联邦政府参与制定和使用自愿协调一致标准和合格评定活动通告A-119》），公共采购合同应符合WTO/GPA协议及其他与外国或国际组织签订的协议。

②41 CFR parts 101《联邦财产管理条例》（Federal Property Management Regulations）：规定了由联邦规范、联邦标准、联邦合格产品列表和商品规范组成"联邦产品描述"（Federal product descriptions，FPDs），确定了联邦政府以政府采购为主要对象建立的标准化体系。

③联邦法典（CFR）第49部分《交通运输》（Title 49—Transportation），对公共交通和城市轨道交通（fixed guideway）工程项目的公共采购进行了繁复具体的规定，如该法规第5309条投资许可（§5309. Capital investment grants）规定建设工程（包括联邦资金参与的州或地方政府的建设工程）采购协议应包括由交通部长确定或批准的适时适用的系统（技术）规范。规范可由投标方或招标机构制定，或采用现有规范。

其他公共采购相关法规还有《联邦共同法》（Federal Common Law）、《公共合同法》（Public Contracts）、《供应和公共采购》（Supply and Procurement）等。

（2）公共采购政策文件

美国联邦政府还发布了众多的公共采购政策文件，举例如下。

①总统办公室联邦采购政策办公室（Office of Federal Procurement Policy）发布的《基于性能的服务获取——拟定合同要求》，提出了政府机构在采购合同中选择、修改或组合现有的关于（性能）要求文件（requirements documents）或提出新的要求文件的优先顺序为：法律强制执行的文件，基于性能或功能的文件，详细设计文件，标准、规范和由政府发布的相关出版物。

②总统办公室联邦采购政策办公室给政府机构执行负责人的信Policy Letter 92-4《环保和能效产品与服务的政府采购》，要求负责人按照OMB

A-119的要求，与私营标准开发组织合作，参与"自愿协调一致标准"开发，参与制定节能环保的产品和服务标准；不能达到适用规范的性能要求或不能满足采购机构的性能标准要求的公共采购，应终止合同或不能采购。

2）公共交通公共采购合同法规

（1）基本合同法规

美国联邦公共交通管理局采购基本合同法规主要有以下八类。

①通用要求合同（Standards of Conduct）法规。

②合同责任（Organizational Roles and Responsibilities）法规。

③避免浪费（Long Range and Annual Planning Cycles）法规。

④竞争要求（Competition Requirements）法规。

⑤竞争限制（Restraints on Competition）法规。

⑥利益冲突（Organizational Conflicts of Interest）法规。

⑦预审（Prequalification）法规。

⑧充分竞争（Other than Full and Open Competition）法规。

（2）一般合同法规

一般联邦合同分类要求法规主要有以下四类。

①公共采购标准（Procurement Standards）。

②公共交通综合法：《美国联邦法典》第49章第53条［已于2015年12月4日修订为《美国水陆运输法案（FAST）》］和《美国公共法案》第114-94条［49 U.S.C. Chapter 53, as Amended by the Fixing America's Surface Transportation（FAST）Act, Public Law 114-94, December 4, 2015］规定了公共交通资金投入、帮助老弱病残、安全标准、安全监管、合同、行政管理、劳工等方面的内容。

③交通货物和服务采购：《美国联邦法典》第49章第5323款、第5325款和FAST第39节《创 新 采 购》［49 U.S.C. §§5323 and 5325, section 3019（Innovative Procurement）in the FAST Act］规定了相关内容。

④联邦合同授予统一行政管理要求、成本原则和审计要求：《美国联邦法规》第2章第200部分《统一指引或特别通知》和《自由贸易协定》4220号通告［2 C.F.R. Part 200（Uniform Guidance or Super Circular）, FTA Circular 4220］规定了相关内容。

3）美国联邦公共交通管理局采购合同内容要求

使用联邦资金的公共采购合同（Federal Contract Clauses）包括下列基本要求。

（1）《美国助残法》（American with Disabilities Act）。

（2）《购买美国（产品）法》（Buy America）。

（3）毒品和酒精测试（Drug and Alcohol Testing）。

（4）公交车辆测试（Bus Testing）。

（5）《联邦机动车安全标准》（Federal Motor Vehicle Safety Standards）。

（6）《戴维斯·贝肯劳保标准》（Davis Bacon Labor Standards）。

（7）禁止和暂停（Debarment and Suspension）。

（8）游说（Lobbying）。

（9）《担保要求、管理报告和披露法1959》（Bonding Requirements, Management Reporting and Disclosure Act of 1959）。

4）美国联邦公共交通管理局采购合同类型

（1）通用合同，包括：

设备、用品和服务资本合同，包括建筑和车辆（Capital Contracts for equipment, supplies and services, including construction and rolling stock）；

维修保养合同（Preventive Maintenance Contracts）；

运营合同（Operations Contracts）；

经营收入合同（Revenue Contracts）；

法律和相关服务合同（Legal and Associated Services）；

雇佣合同（Employment Contracts）；

房地产合同（Real Estate Contracts）；

限制或禁止合同（Restricted or Prohibited Types of Contracts）。

（2）建设合同，包括：

设计—招标—施工合同（Design-Bid-Build, DBB）；

设计—施工合同（Design-Build, DB）；

承包合同［Construction Manager/General Contractor（CM/GC）or Construction Manager at Risk（CMR）］；

设计、建设、运营和维护合同（Design-Build-Operate and Maintain, DBOM）；

联合开发合同（Joint Development）；

增值工程合同（Value Engineering）；

建设专门合同（Special Contract Provisions for Construction Contracts）；

捆绑合同（Bonding）；

地震安全合同（Seismic Safety）；

平等雇佣合同（Equal Employment Opportunity）；

主流工资收入合同（Prevailing Wages）；

拒绝回扣合同（Anti-Kickback）；

工时和施工安全合同（Contract Work Hours and Construction Safety）；

劳工中立合同（Labor Neutrality）；

购买美国（产品）法（Buy America）合同：工程用美国的钢、铁和产品；

助老弱病残合同（Accessibility）。

（3）车辆合同（Rolling Stock Contracts），包括的车辆类型有：

公交车辆、中巴、轿车、轨道车辆、轨道机车、无轨电车、轮渡以及其他轨道车辆和轨道缆车。例如，州合作采购合同（State Cooperative Purchasing Contracts），根据FAST法案，需购买由州签订的合作采购合同的车辆和相关设备。

（4）法规要求合同，包括下列内容：

无障碍环境（Accessibility）；

车辆无障碍环境规范（Accessibility Specifications for Transportation Vehicles）；

最低服务生命周期（Minimum Useful Life）；

最大备件率（Spare Ratios）；

空气污染和燃料节约（Air Pollution and Fuel Economy）；

购买美国（产品）法（Buy America；2016～2017财政年度，超过60%价值的车辆部件为美国产品；2018～2019财政年度，超过65%价值的车辆部件为美国产品；2020年以后，超过70%价值的车辆部件为美国产品；最终车辆组装必须在美国）。

5）标准化法案

美国联邦政府两个重要的标准法规为《国家技术转让与促进法案1995》（公法104-113，简称"NTTAA"）和《联邦政府参与制定和使用自愿协调一致标准和合格评定活动通告A-119》（简称"OMB A-119"，是NTTAA的配套法规）。

NTTAA和OMB A-119要求，美国所有联邦政府部门和机构在制定法规、采购和其他涉及标准的工作中必须采用（must use）现行"自愿协调一致标准"（Voluntary Consensus Standard，VCS），把标准作为执行政策目标和行动的工具，以改善立法和政策质量。

NTTAA强制要求美国所有联邦政府部门和机构与WTO/TBT协议的规定保持一致，以技术标准为基础制定技术法规，按照美国《贸易协议法1979》（the Trade Agreement Act of 1997），要求"如果适当，应在国际标准的基础上（on international standards）制定技术法规"。

为准确定义两个法规采用标准的要求，美国国家档案馆的联邦纪事办公室（OFR）发布了修订的"（法规）采用（标准）规章"（《Incorporated by Reference》，1 CFR Part 51），规定在法规中合法采用的标准（standards incorporated by reference）是由联邦纪事办公室负责人批准的所有形式的标准（all types of standards），包括公开数据（published data）、准则（criteria）、标准（standards）、规范（specifications）、技法（techniques）、图（式）（illustrations）或类似资料；并规定采用标准的语言必须精确（precise）、完整（complete）和清晰（clearly state），规定采用标准必须配上标准年代号。

6）联邦政府标准化与采购

美国政府有自己专用的联邦政府标准（US Federal Government Standards）体系，由联邦规范、联邦标准、联邦合格产品列表和商品规范组成，确定了联邦政府以政府公共采购为主要对象建立的标准化体系。

（1）联邦政府标准的制定和使用

根据《联邦财产和行政管理服务法1949》（Federal Property and Administrative Services Act of 1949）制定了联邦法规——《联邦标准化程序》（Federal Standardization Program）。《联邦标准化程序》规定了联邦规范、标准和商品规范的开发、协调、批准、发布、索引、管理和维护，及其检验和质量控制，由联邦政府服务总局（GSA）负责实施。

《联邦财产管理条例》（Federal Property Management Regulations）规定所有的联邦机构在供应和服务采购时强制性使用（mandatory use）现有联邦政府标准。

（2）联邦政府标准的定义

①产品描述（product description）：是为获得（购买）和管理目的对产品进行的描述，包括规范、标准、商品规范、购买描述和商标名称购买描述（brand-name purchase descriptions）。

②联邦规范（Federal specification）：是联邦序列（Federal series）的规范，由所有的联邦机构强制使用，由GSA发布和控制，在GSA的"联邦规范、标准和商品规范目录索引"上列出。

③联邦标准（Federal standard）：是联邦序列（Federal series）的标准，由所有的联邦机构强制使用，由GSA发布和控制，在GSA的"联邦规范、标准和商品规范目录索引"上列出。

④部门规范和标准（departmental specification or standard）：是由特定的联邦部门或机构为其直接的需要制定，其他联邦机构也可使用。

⑤合格产品列表（Qualified Products List，QPL）：是一个声明满足适用规范质量要求的产品列表，包括适合的产品标志、检验或质量引用号码、制造商名称和厂址、供货商。QPL要在"联邦规范、标准和商品规范目录索引"上列出。

⑥商品规范（Commercial Item Description，CID）：是一个简要的规范，描述了能满足政府需要的可接受的商品的功能、性能特性。商品规范由GSA发布和管理，在"联邦规范、标准和商品规范目录索引"上列出。

（3）联邦标准、规范的制修订要求

《联邦财产管理条例》规定发布《联邦标准化手册》，要求新制定或修订联邦标准和规范要确认以下内容。

①在下列范围基于功能（functional）、性能（performance）和互换性（interchangeability）表达特性或要求提出制定或修订标准和规范：法律的需要，优先考虑操作的需要、标准化、配置管理（configuration management）、健康、安全、能源、国家安全或环境影响，考虑在全生命周期内的费效比要高于"自愿协调一致标准"或其他政府规范和标准。

②强调使用已经建立产品制造操作和过程的规范，尤其是商业上适合于那些产品的内容要求。

③要求（requirements）选择能产生最大竞争和创新的形式。

④所有要求，包括质量保证、包装、标志和标记最大限度地符合商业惯例，同时满足政府的需要。

⑤采用（引用）文件限于专业的和清晰可用的产品标准，确认采用的文件不包含与其他产品标准冲突的内容。

在上述内容中，手册直接给出重要内容的要求，如针对防火、安全和伤亡危险（fire，safety，and casualty hazards），要采用国家承认的标准作为最低要求（minimum requirements），如美国国家防火协会（NFPA）标准、保险商实验室（UL）标准等。

7）地方政府公共采购

依据美国联邦习惯法［Federal Common Law，指商业法典（Uniform Commercial Code，通常由州立法）或一般合同法（跨州采用）］，美国各州制定各自的政府采购合同法管辖公共采购合同，还有众多联邦和地方的政府规范性文件规制公共采购行为，举例如下。

（1）马里兰州法规《州财政和采购篇章》（Article—State Finance and Procurement）规定合同机构应当确定公共采购合同采用的或制定的技术规范符合本法规的要求，规范包括所有在州境内实施开发的项目或公共工程（public works）在生命周期的计划、政策要求和标准，采用的标准应当形成文件并由州务卿（Secretary of State）批准。

马里兰州法规《交通运输篇章》（Article—Transportation）规定了州所有的交通设施工程和服务及其合同，包括制定规范及其费用。

（2）加利福尼亚州（后简称加州）合同法《加州公共合同规范》（Pub. Cont. Code）规定，加州政府机构公共采购必须首先准备计划和规范，规范的原始草案和经认证的规范应永久保存后才能进行下一步工作。

加州交通部还发布了交通建设工程采购合同的统一规范——《标准的规范》（Standard Specifications），对加州所有公共工程的公共采购合同的基本要求进行了技术上的规定，如，规定建筑结构用彩色混凝土必须符合标准ASTM C 979的要求。该规范大量采用/引用各种标准，如采用ASTM的标准多达880处，采用/引用加州交通部规范《加州测试》450处。

为规范采购合同，加州交通部发布《规范文体指南》（Specification Style Guide），对规范编制进行规定，如按照《联邦纪事》（Federal Register）原则编写，采用（其他）州和建设行业的通用词汇，采用或参考行业协会标准、联邦规范（Federal Specification）或军用规范（MIL）。

（3）《弗吉尼亚公共采购法》（Virginia Public Procurement Act）规定城市轨道交通和公共交通的建筑与工程服务项目的合同要求包括环境、位置、设计和检查要求，还包括《国家劳动关系法》（National Labor Relations Act）、《铁路劳工法》（Railway Labor Act）、铁路和公共交通工程适用性等规定。

4.2 关于"技术规范"

美国公共采购法规、欧盟公共采购指令、英国公共采购法规都反复规定了公共采购工程合同需制定符合技术规范的要求。规范（specification）的相关定义决定了公共工程政府采购中要遵循的要求和技术内容，以及标准在其中的定位。有关国家和机构的定义举例如下。

（1）美国——规范（specification）：规范是一个专门准备用于支持采购的文件，清晰精确地描述了采购的基本技术要求，确定其是否满足这些要求的必要程序（《供应和采购》）。

（2）ISO/IEC——技术规范（technical specification）：规定产品、过程和服务应满足技术要求的文件。技术规范可以是标准、标准的一个部分或与标准无关的文件。

（3）欧盟——技术规范（technical specification）：是在公共工程招标文件

中，包含了全部技术要求的文件，文件定义了材料、产品的特性。这些特性包括环境性能水平、全部设计要求，包括残障人士的使用、一致性评估、性能、安全和尺寸，质量保证程序、术语、标志、试验和测试方法、包装、标记、使用说明等。规范还包括工程施工技术和方法的相关设计、成本核算、测试、检查和验收规则，以及符合特定法规要求的合同实体（乙方）的条件等。

（4）美国——联邦规范（Federal specification）：是美国联邦序列（Federal series）的规范，由所有的联邦机构强制使用。

（5）美国——联邦标准（Federal standard）：是美国联邦序列（Federal series）的标准，由所有的联邦机构强制使用。

在上述定义中，技术规范属于公共工程采购需要遵循的技术文件，通常属于招标文件的内容，或按照公共工程要求制定，或是正式发布的标准化文件，如欧盟通用技术规范（common technical specification）。技术规范在公共工程中决定技术规则和要求，其中技术细节通常由标准表达和确定，是下一个层面的要求。

4.3 合格评定/认证

按照WTO/GPA规则，政府采购招标文件包含的必要信息应当包括完整的产品或服务技术规范（technical specifications）和认证要求。我国加入世界贸易组织报告书中已承诺，将按照WTO/TBT的含义使用"技术法规"和"标准"这两个术语，并使所有的技术法规、标准、合格评定程序符合协议要求。

4.3.1 美国安全认证

美国交通部（DOT）1996年1月颁布了永久性法规《城市轨道交通系统安全监管条例》（《联邦法规汇编》第49篇659部分），规定城市轨道交通机构要制定"城市轨道交通的系统安全程序计划"（System Safety Program Plan，SSPP）和"系统公共安全防范计划"（System Security Plan，SSP），进行安全认证、年度安全审核、安全审计、危险管理事故调查和通报，具体如下。

（1）城市轨道交通的系统安全程序计划：规定了安全认证（safety certification）方法，该方法应确保在运营前，城市轨道交通的设施、设备、车辆和服务都进行了安全认证；规定了运营中的风险分析和风险管理，重大项目、营运拓展、引入新车辆和设备等的安全认证方法。经州安全监管机构批准的SSPP和系统安全计划，最后由FTA审查和批准。

（2）系统公共安全防范计划：规定了乘客安全、职工安全、设施安全、信息和信息系统安全与安全准则。公共安全防范计划的制定、实施均有复杂要求，如工程和建筑设计师、合同商要参加公共安全审查委员会、公共安全积极应对委员会、安全和运营安全认证委员会等的会议；工程项目要落实公共安全防范计划，如设计要考虑公共安全的要求，建筑工地和设施保持较高的公共安全水平；工程和建筑设计师应执行FTA的设计规范《公共交通公共安全设计要求》、交通运输研究委员会研究报告《工程设计的威慑、保护和准备指南》。

美国城市轨道交通安全管理形成了"安全法规 + 技术规范 + 安全计划认证"的框架和机制。例如，美国城市轨道交通建设项目安全认证（运营前）包括：设计认证——设计准则一致性、建设认证——建设规范一致性、测试和检验认证、风险评估认证、规章和程序认证、培训和演练认证。

4.3.2 欧盟安全认证

欧洲议会认为"有必要为铁路安全建立一个共同的监管架构"，为此，2004年4月30日，欧盟颁布指令2004/49/EC《铁路安全指令》(Railway Safety Directive)，指令要求建立轨道交通安全管理体系，进行安全认证和许可。

1）安全管理体系

安全管理体系（Safety Management System，SMS）是基础设施管理方或铁路运营企业为保证运营安全管理而制定的基于安全管理的一套体系，包括安全政策、安全目标、安全程序（满足相关标准和技术规范）、风险评估方法和控制措施、安全培训、安全信息管理及记录，以及事故事件和危险报告、调查分析和预防措施实施程序、应急响应计划、经常性SMS内部安全审计规定等。

2）安全认证

当铁路运营企业已经建立起自己的SMS，并且能够满足互操作性技术规范和其他有关欧盟立法，以及国家安全规则所规定的要求，并通过了安全管理部门的认证（Certification），通过申请被授予安全证书（Certificate）。铁路运营企业必须持有安全证书才被允许使用铁路基础设施。安全证书可以覆盖成员国的整个铁路网络或者指定部分。

3）安全许可

基础设施管理方（infrastructure manager）只有从安全管理部门获得安全许可（Authorisation），才允许管理和运营铁路基础设施，许可内容包括：

（1）确认接受基础设施管理方SMS已经过许可，建立的SMS符合安全指令要求；

（2）确认基础设施管理方的各种安全规定，满足运营控制和信号系统等的安全设计、维护和运营等必备的和恰当的要求。

安全许可由基础设施管理方以不超过5年为周期重新申请。当基础设施、信号系统、动力系统或者运营和维护发生重大变化时，应当全部或部分更新。

4）使用的车辆

铁路运营企业计划使用的轨道交通车辆应当进行许可，许可文件包括：

（1）在成员国内车辆已经过安全认证或被许可使用的证据；

（2）许可所需要的相关技术资料、维护计划和运营特点等；

（3）技术和使用特点，如动力系统、信号和控制指挥系统、限界、最大轴荷载等的要求；

（4）通过了根据国家安全规则进行的风险评估。

4.3.3　英国安全认证

英国于2006年颁布了《铁路和其他轨道交通系统安全条例2006》[《The Rail and Other Guided Transport System（Safety）Regulations 2006》，简称ROGS]。ROGS是英国政府按照欧盟的规则，根据欧盟指令2004/29/EC《铁路安全指令》发布，其中"其他轨道交通系统"为城市轨道交通系统。

ROGS规定城市轨道交通企业应建立安全管理体系（Safety Management System，SMS），进行安全认证（Safety Certification）和安全许可（Safety Authorisation）。

（1）安全管理体系SMS：ROGS要求城市轨道交通企业建立SMS，以确保轨道交通系统运营安全。SMS具体包括安全管理政策、安全质量目标、安全管理程序（满足相关标准和技术规范）、风险评估和控制措施、安全培训、安全信息管理和记录、事故事件和危险报告及调查分析程序和预防措施、应急响应计划、周期性的SMS内部安全审计规定等。

（2）安全认证内容包括：运营类型和范围、安全管理系统，轨道交通运营者为运营安全建立的组织和管理体系、履行法律法规要求、安全运营与维护的技术标准和程序、业务类型和符合法律的要求、轨道交通车辆及其符合安全法规的要求，包括批准、授权和认可。

城市轨道交通运营者（operator）建立的SMS符合ROGS的要求时，向其颁布安全认证证书。

（3）安全许可内容包括：基础设施管理的类型和范围，证明管理人的安全管理体系满足ROGS要求，同时也证明基础设施的安全设计、维修和管理满足要求。安全许可/授权有效期为5年。与安全认证相比，许可/授权除对安全管理体系审查外，还要进行基础设施的各项审查评估，包括健康和安全的基础设施符合法律法规要求、安全系统管理，关于设计、建设、维护以及材料的要求，基础设施的安全设计，基础设施的安全维护。

城市轨道交通基础设施管理人（infrastructure manager）建立的SMS符合ROGS的要求时，向其颁布安全许可证书。

4.3.4 小结

安全认证是美国、欧盟、英国城市轨道交通工程建设和运营的法定环节，其设计认证、建设认证和运营认证更多是技术规范的要求，可能包括了标准的要求。安全认证内容、程序、规范十分复杂。

4.4 讨论与启示

4.4.1 讨论

美国、欧盟和英国及相关发达国家的城市轨道交通工程建设已经形成技术法规规制的技术体系。在相当长的时间内，除了在标准空白领域或新兴领域，难以将中国标准在这些国家的推广和认可作为工作方向。中国工程建设在发达国家的"走出去"需要研究探讨如何符合工程建设项目所在国家的法律法规，熟悉和遵循这些法规。

讨论与结论一：美国、欧盟、英国城市轨道交通工程建设已经形成了法规规制的"技术法规＋技术规范＋（标准）"及安全认证制度的工程建设技术和管理体系。中国工程带动中国标准国际化，或者中国标准带动中国工程"走出去"必然涉及这个体系的各方面，举例如下。

（1）公共工程政府采购制度法规。

（2）技术法规制度。

（3）技术规范制定、使用方式。

（4）技术标准的地位，如国际标准已经处于公共采购制度框架的底层，要接受中国标准涉及法制，很难突破且意义不大。

（5）复杂的政府采购法规，如美国有500多个法规涉及政府采购，各州还有与联邦政府不同的制度规则等。

上述复杂的体系连FTA作为城市轨道交通工程招标方要完成建设工程合同招标文件，都认为是一整套独特的挑战（unique set of challenges）。

中国工程建设标准要进入处于政府采购制度底端的技术标准行列，从进入公共采购法规体系的角度，是一项长期困难的、具有挑战性的任务，表明了中国工程建设标准"走出去"的长期性和复杂性，需要坚持不懈的努力方可有所成就。

讨论与结论二：美国、欧盟、英国在公共工程中普遍采用"技术规范"表达技术和管理等的要求，而不是直接采用标准的方式，给中国标准的国际化、与国际接轨以新的认知和启示。

（1）缺乏城市轨道交通系统性标准。目前，标准立项困难，中国现行城市轨道交通标准体系建设缺口很大，美国交通部一个桥梁标准需要28个标准团体做标准支撑，说明了标准体系建设和国家标准制度的重要作用，中国现行标准难以适应国外法规和公共工程。

（2）缺乏正式的专业标准英文版。目前，城市轨道交通工程建设标准和产品标准缺乏英文版，对城市轨道交通"走出去"十分不利，也就是说，没有表现中国城市轨道交通工程的质量、技术和能力的英文版标准，中国工程建设"走出去"则是无源之水、无本之木。例如，中国需要尽快完成城市轨道交通七种制式设计规范、七种制式的工程验收规范、全部中国制造车辆标准的英文版，以及优先翻译出版路基、桥涵、通信信号、电力牵引等主体设计规范的英文版。

（3）不能满足工程总承包的特点要求。中国海外项目基本都采用EPC模式，中标后，一方面存在融资的过程持续时间较长，另一方面按照合同约定对工程建设项目的设计、采购、施工、试运行等实行全过程或若干阶段的承包。中国海外工程建设项目经验已经表明，用标准为工程建设项目编制技术规范经常成为项目实施中的要求，中国标准的英文版只是编写技术规范不可或缺的基础工作。

（4）"技术规范"的使用需要重新审视中国工程建设的标准化。美国的"技术规范"内容为中国工程建设标准化提供了新的思路，即将现行的"所有标准化文件"作为"标准"，补充标准的不足并与国际接轨。从这个角度，我国工程建设标准的国内外标准比对、对标、国际接轨等（如技术法规无法与标准和技术规范比对）需要以新的视角分析和研究。

讨论与结论三：建立中国城市轨道交通安全认证和合格评定制度。

首先是安全认证制度。美国、英国、欧盟（包括其所有成员国）都建立了城市轨道交通安全认证制度。中国城市轨道交通工程要走向这些国家及与其关系密切的国家（如前殖民地），都可能有安全认证制度的要求。中国城市轨道交通目前的困境是缺乏安全认证制度，当需要时，无法应对国外城市轨道交通工程安全认证的需求，并可能影响到中国城市轨道交通工程建设的形象。

其次，城市轨道交通产品的合格评定制度。国外项目大多都是业主方提出采用标准要求，经双方协商，确定采用的标准。欧盟国家和美国多数认可欧美认证机构的认证，而不认可中国的认证，其原因包括中国自己缺乏城市轨道交通的认证实践，且中国现行标准不完善，也难以开展认证。

中国标准起步晚，标准体系不完善，与国际标准体系及编制的内容有很大差异。中国走向国外的城市轨道交通装备设备和产品通常由第三方咨询机构进行合格评定，但需要双方不断沟通和协调才能促成。中国工程建设有在中方标准提交后，由当地第三方咨询机构对标准进行合格评定后方可使用的案例。按照国际规则，合格评定是中国城市轨道交通"走出去"难以绕过的"坎"，是必须通过的路径。

讨论与结论四：技术法规制度。

美国、欧盟和英国都遵循 WTO/TBT、WTO/GPA 协议规则制定和使用技术法规。美国通过 NTTAA 和 OMB A-119 法规，欧盟通过"新方法指令"在技术领域建立了技术法规制度；美国、欧盟和英国用公共采购法规建立了城市轨道交通工程建设的技术法规制度；美国用《城市轨道交通系统——州安全监管规章》，欧盟用《铁路安全指令》，英国用《铁路和其他轨道交通系统安全条例 2006》建立了城市轨道交通安全监管制度。

当中国城市轨道交通企业试图进入上述发达国家的城市轨道交通领域时，会遇到不熟悉的制度环境，感到处处受到掣肘。在美国、欧盟和英国等发达国家和地区的现实提示，中国想要超越技术法规制度，在中国工程建设领域自身所遇到的障碍不会少于"走出去"的障碍和困难。

4.4.2 启示

通过对美国、欧盟、英国和 WTO 关于公共工程、政府采购规则的分析和讨论，可给予中国城市轨道交通工程在欧美发达国家"走出去"以启示。

启示一：公共工程、公共采购、政府采购是城市轨道交通"走出去"难以绕过的途径。在美国、英国为代表的发达国家中，已经形成固化的公共工程政府采购制度法规体系，这个体系十分复杂且与国家政治体制密切契合，难以撼动。中国城市轨道交通工程要走向这些国家，在可以预见的时间和可见的视野范围内，遵循这个制度可能是唯一的途径和选择。因此，认真研究梳理所在国的公共工程政府采购法规制度体系并遵循其规则，可能是中国城市轨道交通走向当地国家的唯一"捷径"。

启示二：中国工程建设标准更接近"技术规范"。在政府采购制度下，美英等发达国家的公共工程政府采购制度中的"标准"（standards）使用规则实际上是应用"技术规范"的方法。技术规范与公共工程一一对应，一般来说，每一个工程就有一个技术规范的要求，可能是一个规范或多个规范；可以是现行（成文）规范，也可以是为公共工程定制的规范，为公共工程选择和定制技术规范是美英等发达国家公共工程招投标制度的规则。中国工程建设标准从体例、形式和制定原则与方法上更接近这样的"技术规范"。中国工程建设走向美英等发达国家，了解使用"技术规范"是基本功，中国工程建设标准"走出去"的前提是有足够的中国工程建设标准及其英文版。

　　启示三：安全认证是不能避开的城市轨道交通工程建设的规则。美英和欧盟成员国都建立了城市轨道交通安全认证制度，其工程项目认证包括了设计认证、建设认证、技术系统认证、培训认证、风险评估认证、规章和程序认证、应急演习认证等，是中国城市轨道交通企业进入当事国市场的必需程序，其中技术规范及其标准的认证是通过认证的法定环节。中国城市轨道交通企业进入美英和欧盟国家市场时，不仅要熟悉安全认证的法规制度，还要掌握认证中相关的技术规范和标准，才有可能通过这些认证。熟悉掌握美英和欧盟成员国复杂的安全认证制度，在中国目前缺乏安全认证制度的环境下，没有研究和技术储备，难以在短期完成任务，是需要政府主管部门决策、支持和企业共同合力方可成就的目标。

　　启示四：了解和熟悉技术法规制度。美英和欧盟成员国已经用公共采购法规和安全认证法规等建立了城市轨道交通工程建设的技术法规制度。目前，中国没有技术法规制度，也没有建立法规与标准规范的联系。当中国城市轨道交通企业试图进入美英等发达国家市场时，不可避免地遇到不熟悉的技术法规环境。遵循WTO规则的中国承诺与国际接轨，在中国工程建设领域建立技术法规制度，是中国工程建设和标准规范"走出去"的基本任务，否则，"走出去"只能靠企业在单项工程中单打独斗，难以出现中国工程整体走向世界的局面。

　　总之，在美国、欧盟和英国及其他发达国家现行法规制度下，中国工程建设"走出去"难以带动中国标准"走出去"，没有中国标准"走出去"的环境。在相当长的时期，中国工程建设要进入发达国家需要遵循其法规制度（包括标准）；遵循国际规则，是目前中国工程建设标准"走出去"可以"看清"的途径。

5 我国城市轨道交通标准化工作概况

我国城市轨道交通标准化起步于1986年第一本标准《城市公共交通标志 地下铁道标志》的颁布，在以后的十几年中，标准化发展缓慢。自进入21世纪，城市轨道交通进入高速发展阶段，大规模建设浪潮、迅速增长的运营线路和激增的客流为城市轨道交通标准化提供了前所未有的机遇和挑战。判断、分析和把握这一历史机遇，将促进城市轨道交通标准化的健康有序发展。

5.1 标准化历程

城市轨道交通标准化进程随城市轨道交通建设和运营的起伏而起伏，大致上经历了三个历史阶段。

1）起步阶段：1986～1999年

我国开展城市轨道交通筹建工作始于20世纪50年代的北京。1965年，北京市第一条地铁线路开始建设，1969年10月1日建成通车。到1984年，全国共建设北京地铁39.7km（1965～1971年）、天津地铁7.1km（1971～1984年），长春、鞍山和大连还保留部分旧式有轨电车。这个阶段城市轨道交通是按"战备为主，交通为辅"的指导思想进行建设。在国外技术封锁环境下，强调"独立自主、自力更生"。虽然从设计、施工、验收到运营，以及相应的产品全部国产化，但对需要采用的技术标准则是参考采用苏联的，没有自己的标准规范。

城市轨道交通设计、施工、验收、运营和产品构成了一套复杂的技术体系，在地铁开始建设20年后，标准化已是必然选择。从1986年颁布第一部国家标准开始，到1999年，共颁布《地下铁道车辆通用技术条件》（1987年）等14项产品标准，《地铁设计规范》（1992年）等7项工程建设标准，年平均颁布1.5项。这个时期的特点是，只编制了部分急需的标准，数量少且分散。这一阶段上海地铁1号线21km（1990～1997年），广州地铁1号线18.5km（1993～1999年），北京地铁复八线13.5km（1988～1999年），全国共有5条地铁线92.7km，多利用国外贷款进行建设，贷款的80%以上需购买贷款国的机电设备。由于缺乏统一的标准，大批量引进多国设备和产品，致使同一产品出现多种制式和规格，给运营带来极大后患，国家曾一度暂停审批项目，这在一定程度上影响了城市轨道交通的建设速度。

2）蛰伏阶段：2000～2004年

进入21世纪，我国城市化速度加快，城市轨道交通也开始进入快速发展阶段。这一阶段以设备国产化为主要特点，1999年审批深圳地铁一期工程（包括1号线的罗湖至香蜜湖段和4号线的皇岗至少年宫段）、上海明珠线、广州2号线等10个城市轨道交通项目，全国投入运营的线路里程有187.49km。由于处于快速发展阶段，千头万绪，对标准的需求被置于次要地位，仅颁布了少数关键标准，如《地铁客运服务标志》（2001年）、《地铁设计规范》（2003年，修订版）等5项，平均每年1项。在编标准也只有《城市轨道交通线网规划编制标准》（2002年立项）。星星点点的标准，由于数量不足，难以支撑强劲的标准实际需要，对城市轨道交通建设运营产生了不利影响，也为下一阶段标准化留下了更多任务。

3）繁荣阶段：2005年至今

自2005年起，各城市面临着解决日益严重的城市交通问题，在新一轮经济起飞带动下，城市轨道交通建设的需求越来越强烈。到2006年底，全国先后开工建设37个城市轨道交通项目，线路里程约1000km。到2019年底，我国内地累计有40座城市开通城市轨道交通，运营线路总里程达6730.27km。城市轨道交通建设进入飞速发展阶段。

前期因缺少标准，建设、运营和管理积累的问题还需要用标准来解决。面对强劲的标准需求，主管部门积极组织开展标准申请、立项、编制工作，2006年立项标准7项，一批像《城市轨道交通接触轨供电系统技术规范》等重要的工程建设标准立项，2007年立项标准达到18项，2008年达到22项。在这一阶段，行业意识到标准的重要作用，几乎城市轨道交通全行业都积极参与标准编制。2009年初，在编标准超过50项；到2019年底，城市轨道交通在编标准有26项，其中工程建设标准18项、产品标准8项；现行标准115项，其中工程建设标准53项、产品标准62项。

5.2 标准技术进步

在标准化进程中，不仅标准的数量大幅度增加，标准的理念、技术水平、质量都有明显提高，而且覆盖面不断扩大。

1）以人为本

初步形成"以人为本"、体现人文关怀的核心理念，建立充分考虑乘客需求、健康、舒适、卫生、便捷、安全、环保的标准化原则，标准理念与国际标准、国外先进标准把乘客作为标准化的中心相一致。

2）以安全为核心

"安全第一、服务至上"是国家赋予城市轨道交通建设、运行和管理的首要职责理念。其体现在各标准中的安全条款，不仅提出了通过何种措施和达到怎样的功能、性能指标以确保乘客安全的方法要求，而且制定了一批关于安全的专门标准，如《城市轨道交通公共安全防范系统技术规范》《城市轨道交通技术规范》《城市轨道交通站台屏蔽门》《城市轨道交通地下工程建设风险管理规范》《地铁工程施工安全评价标准》《城市轨道交通工程安全控制技术规范》《城市轨道交通结构安全保护技术规范》等多项标准。

3）服务残疾人

城市轨道交通标准化初步形成了"关心残疾人是社会文明进步的重要标志，残疾人事业是中国特色社会主义事业的重要组成部分"的理念。例如，《城市轨道交通客运服务标志》有专门规定为残疾人服务的章节"无障碍标志"，包括"无障碍设施导向标志""无障碍设施位置标志"和"视觉障碍者标志"；《城市轨道交通客运服务》规定"对残障等乘客应提供必要的服务，协助其顺利乘车"；《城市轻轨交通铰接车辆通用技术条件》为方便乘客特别是残疾人上下车，将地板面高度选在350mm以下，并规定"每列车中至少应设置一处轮椅专用位置，并应有乘轮椅者适用的抓握扶手杆或固定装置"。

4）节能减排与循环利用

城市轨道交通标准化形成了节能减排与综合利用的理念。例如，根据城市轨道交通技术特点，行业编制了《城市轨道交通用电综合评定指标》《城市轨道交通机电设备节能要求》《城市轨道交通车辆车体技术条件》等10项资源节约与综合利用标准项目。

5.3 标准体系建设

标准体系的实质是作为标准基础的各项技术的汇集，城市轨道交通系统的复杂性要求必须进行系统的标准化，自2005年以来，经过百余位专家的共同努力，我国城市轨道交通标准体系的建设基本完成。该体系充分考虑了城市轨道交通的多种类型，包括已经成熟的系统，也包括还在不断探索和努力开拓的新型城市轨道交通方式，尽可能地纳入现代高新技术在城市轨道交通领域的应用成果，使其同步形成标准，推动技术创新。

6 城市轨道交通领域参与国际标准化工作情况

国际标准化组织ISO、国际电工委员会IEC、国际铁路联盟UIC是三大国际标准平台，共同推动城市轨道交通国际标准的发展。目前国际标准主要由发达国家垄断，近年来发展中国家通过努力在某些领域也获得了一席之地，承担了一些秘书处的工作，主编了一些国际标准，但数量很有限。中国对参与ISO等国际标准化活动十分重视。2016年，中国承办了第39届国际标准化组织大会，一定程度上扩大了中国在国际标准化工作中的影响。

6.1 国际标准化组织

6.1.1 ISO/TC 269

1）组织概况

ISO/TC 269是国际标准化组织铁路应用技术委员会的代号，其主要业务是开展除铁路电气设备与系统之外（由IEC/TC 9负责）的铁路领域各系统、产品和服务的标准化工作（图6-1），共有22个成员国，委员会设有4个分委会，分别是基础设施分委会（表6-1）、机车车辆分委会（表6-2）、运营与服务分委会（表6-3）和直属TC 269工作组。

2）中国所做工作及成果

（1）负责主持的工作组：目前中国相关铁路部门积极参与其中，由中国负责主持的工作组一共有5个，分别为SC 2/AHG 1客室座椅、SC 2/AHG 11橡胶悬挂元件、SC 2/WG 3机车车辆车体侧窗、SC 1/WG 2轨道质量评估、SC 1/WG 3钢轨焊接。中国已成为ISO/TC 269最为活跃和具有影响力的国家。

（2）举办会议：2015年在北京成功举办ISO/TC 269第四届全体大会。

（3）承担职务：中国专家担任ISO/TC 269机车车辆分委会SC2副主席职位（主席为法国专家），中国承担了ISO/TC 269基础设施分委会SC1联合秘书处的工作（联合牵头方为法国）。

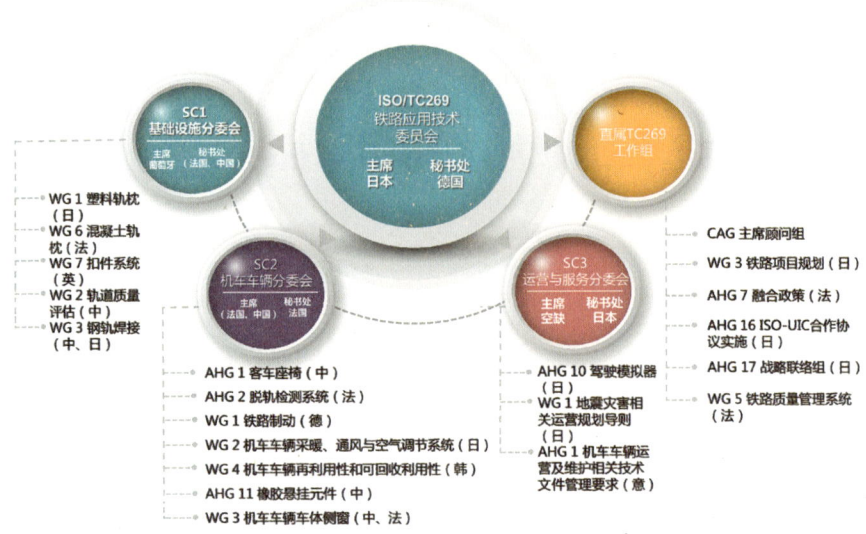

图 6-1 ISO/TC 269 组织架构

ISO/TC 269/SC 1 基础设施分委会　　　　　　　　　　　　　表 6-1

主席	葡萄牙
秘书处	法国、中国
工作范围	轨道结构、站台、车站、调车场以及对于隧道、桥梁和土木工程有特殊铁路需求在内的铁路基础设施产品和设备等
P 成员（积极成员，16 个）	奥地利、比利时、捷克、中国、丹麦、法国、德国、意大利、日本、韩国、荷兰、葡萄牙、西班牙、瑞典、瑞士、英国
O 成员（观察成员，2 个）	匈牙利、卢森堡
联络组织（5 个）	ISO/TC 17/SC 15 "铁路轨道、扣件、车轮和轮对"、ISO/TC 44 "焊接与连接过程"、IEC/TC 9 "铁路电气设备及系统"、ISO/TC 61/SC 11 "商品"、UIC（国际铁路联盟）

ISO/TC 269/SC 2 机车车辆分委会　　　　　　　　　　　　　表 6-2

主席	主席：法国　Jean-Marie Bodson（任期至 2021 年） 副主席：中国　霍保世（任期至 2021 年）
秘书处	法国
工作范围	机车、客车、货车、轨道机械、动车组和轻轨车在内的铁路机车车辆产品、设备和系统等
P 成员（14 个）	奥地利、捷克、中国、丹麦、法国、德国、意大利、日本、韩国、荷兰、葡萄牙、瑞典、瑞士、英国
O 成员（3 个）	比利时、匈牙利、卢森堡
联络组织（7 个）	ISO/TC 4 "滚动轴承"、ISO/TC 17/SC 15 "铁路轨道、扣件、车轮和轮对"、IEC/TC 9 "铁路电气设备及系统"、ISO/TC 43/SC 1 "噪声"。ISO/TC 108/SC 4 "对于机械振动及振动的人员暴露"、ISO/TC 108 "机械振动、振动及状态监测"、UIC（国际铁路联盟）

ISO/TC 269/SC 3 运营与服务分委会　　表6-3

主席	暂无
秘书处	日本
工作范围	在铁路运输过程中用户间的技术接口，与铁路系统及设备相关的运营和服务的要求与指南性标准
P成员（13个）	奥地利、捷克、中国、丹麦、法国、德国、意大利、日本、荷兰、葡萄牙、瑞典、瑞士、英国
O成员（3个）	比利时、匈牙利、卢森堡
联络组织（3个）	IEC/TC 9 "铁路电气设备及系统"、ISO/TC 145 "图形符号"、UIC（国际铁路联盟）

（4）其他：中国注册专家135人次，工作组覆盖率100%，在ISO/TC 269各国中排名第一；积极参加ISO/TC 269历年全体大会、主席顾问组会议24次，组织国内专家参与国际标准组工作会议120余次，承办国际标准工作组会议5次（表6-4～表6-6）。

中国作为召集方的工作组　　表6-4

工作组编号	工作组中文名称	牵头方
SC 2/WG 3	机车车辆车体侧窗	中国、法国
SC 2/AHG 11	橡胶悬挂元件	中国
SC 1/WG 2	轨道质量评估	中国
SC 1/WG 3	钢轨焊接	中国、日本
SC 2/AHG 1	客车座椅	中国

由中国主持编制的国际标准名称　　表6-5

标准编号	标准中文名称	中国参与情况	目前阶段	主持单位
ISO/PWI 22749-1	铁路应用—橡胶悬挂元件—第1部分：橡胶、橡胶金属件特征及试验方法	主持	NP	株洲时代新材料科技股份有限公司
ISO/AWI 22752	铁路应用—铁路机车车辆侧窗	主持	WD	中车青岛四方机车车辆股份有限公司
ISO/AWI 23054-1	铁路应用—轨道几何质量—第1部分：轨道几何特性与轨道几何质量	主持	WD	中国铁道科学研究院集团有限公司
ISO/AWI 23300-1	铁路应用—钢轨焊接—第1部分：钢轨焊接通用要求与测试方法	与日本联合主持	WD	中国铁道科学研究院集团有限公司

中国正在争取负责的工作组及主持制定的标准项目　　　表 6-6

正在争取负责的工作组	正在争取主持制定的标准项目
铁路道岔与交叉	铁路基础设施　道岔与交叉　术语定义
	铁路基础设施　道岔与交叉　几何设计要求
柴油机型式试验	铁路牵引柴油机型式试验

6.1.2 ISO/TC 268

1）组织概况

ISO/TC 268是国际标准化组织城市可持续发展技术委员会的代号，其组织成员情况如表6-7所示，组织结构如图6-2所示。

ISO/TC 268 组织成员　　　表 6-7

主席	比利时　伯纳德·金多兹博士（任期至2019年，来自CENELEC）
秘书处	法国
工作范围	为推动各类城市实现可持续发展，为各类城市提供支撑技术和工具，包括管理体系要求、指南和相关标准，不涉及城市发展建设方面的具体技术和标准
P成员（36个）	奥地利、巴巴多斯、加拿大、智利、中国、捷克、丹麦、厄瓜多尔、埃及、法国、德国、希腊、印度、伊朗、以色列、日本、哈萨克斯坦、肯尼亚、韩国、毛里求斯、墨西哥、荷兰、尼日利亚、挪威、菲律宾、罗马尼亚、俄罗斯、卢旺达、塞尔维亚、南非、西班牙、斯里兰卡、瑞典、英国、美国、越南
O成员（22个）	阿根廷、比利时、巴西、哥伦比亚、塞浦路斯、芬兰、爱尔兰、黎巴嫩、卢森堡、中国澳门、马来西亚、蒙古、巴基斯坦、波兰、葡萄牙、塞内加尔、新加坡、瑞士、泰国、特立尼达和多巴哥、土耳其、阿联酋
联络组织（22个）	ISO/IEC JTC 1"信息技术"、ISO/PC 302"审计管理系统指南"、ISO/TC 59/SC 2"术语和语言的协调"、ISO/TC 59/SC 17"建筑和土木工程的可持续性"、ISO/TC 207"环境管理"、ISO/TC 207/SC 1"环境管理体系"、ISO/TC 207/SC 2"环境审核及相关环境调查"、ISO/TC 207/SC 7"温室气体管理及相关活动"、ISO/TC 211"地理信息/数学地理"、ISO/TC 224"涉及饮用水供应系统和废水、雨水系统的服务活动"、ISO/TC 228"旅游及其服务"、ISO/TC 292"安全性和弹性"、ISO/TC 309"治理组织"、ECOS"欧洲环境公民标准化组织"、FIDIC"国际咨询工程师联合会"、GCIF"全球城市指标设施"、ICLEI"国际地方环境倡议理事会"、UNEP"联合国环境规划署"、UNISDR"联合国减少灾害风险办公室"、APEC"亚太经济合作组织"、RESIN"气候适应性城市和基础设施"、SMR"智慧城市复原计划"

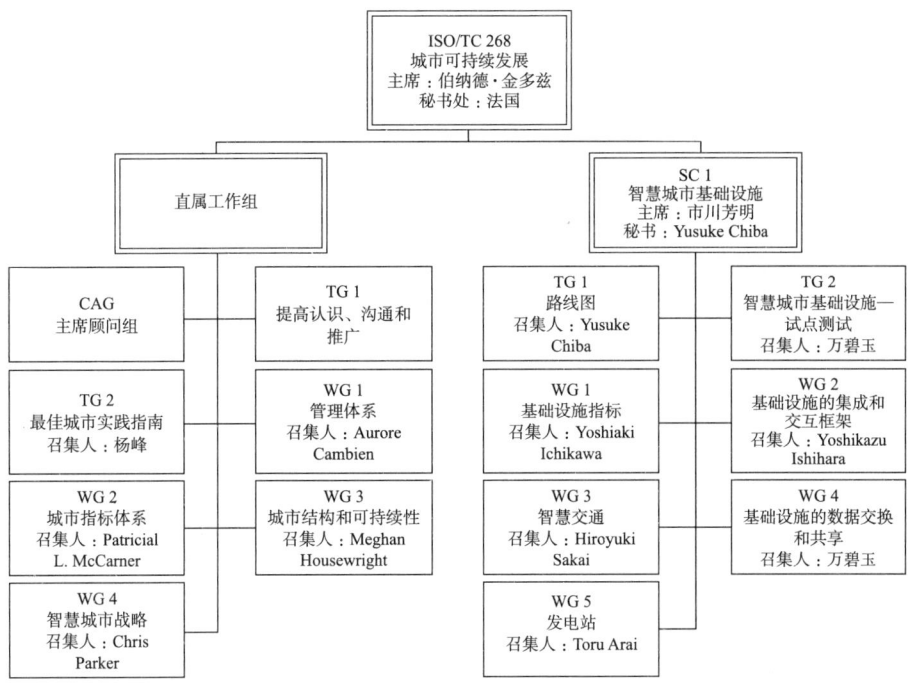

图 6-2　ISO/TC 268 组织结构

2）中国所做工作及成果

ISO/TC 268的国内技术对口单位是中国标准化研究院，主要负责城市可持续发展管理体系、要求、指南和相关领域国家标准（不含城市建设标准）制（修）订工作，对口国际标准化组织城市可持续发展技术委员会（ISO/TC 268），由国家标准化管理委员会（SAC）负责业务指导。2017年7月17日，国家标准化管理委员会批准成立了SAC/TC 567全国城市可持续发展标准化技术委员会，秘书处由中国标准化研究院承担。

对于ISO/TC 268全会和工作组会议，国家标准化管理委员会均组织中国专家积极参与。国家标准化管理委员会承办了ISO/TC 268在杭州、珠海分别举行的第五次、第七次全会及工作组会议。ISO/TC 268/SC 1的国内技术对口单位是中国城市科学研究会智慧城市联合实验室。同时，中国专家还担任ISO 37103项目负责人、ISO 37104项目联合负责人，并在多项标准的制定过程中提出了建议。

6.2 国际电工委员会

6.2.1 组织概况

国际电工委员会（IEC）轨道交通电气设备与系统技术委员会（IEC/TC 9）

成立于1924年，是IEC在轨道交通电气设备领域设置的唯一技术委员会。秘书处工作由法国国家技术委员会（FR）承担，主席由意大利专家担任。IEC/TC 9现有包括中国在内的29个积极成员（P成员）和13个观察成员（O成员）。中车株洲电力机车研究所有限公司是IEC/TC 9的国内技术对口单位。IEC/TC9归口的国际标准涵盖了干线铁路和城市轨道交通（包括地铁、有轨电车、无轨电车和全自动运输系统）以及磁浮交通运输系统领域。

6.2.2 中国所做工作及成果

中国先后于1998年、2004年、2010年和2016年成功举办了四次IEC/TC 9全体大会；中国专家于2012年、2014年、2015年、2017年4次获得IEC1906大奖；中国注册专家124人次，在IEC/TC 9各国中排名第一；中国积极参加IEC/TC 9历年全体大会、主席顾问组会议，积极组织国内专家参与国际标准工作会议；中国在IEC/TC 9中整体标准贡献率排名第5。

6.3 中国参与国际标准化活动经验

6.3.1 按照国际标准编制的要求主动开展工作

ISO起草国际标准工作的正常高效运行主要靠其技术工作导则（Directives）的保证，该导则是ISO对国际标准起草工作的一套完整的管理系统。ISO下设的技术委员会（TC）在对该领域进行国际调研的基础上，确定的标准编制课题（类似中国的可行性报告）经成员国投票认可后，按照导则要求将该项目的工作内容和进度列入表中。一个完整的标准编制流程大致分为以下阶段。

（1）预备阶段（preliminary stage）：预备工作项目（PWI）。

（2）提案阶段（proposal stage）：新的工作项目（NP）。

（3）准备阶段（preparatory stage）：工作阶段（WD）。

（4）委员会阶段（committee stage）：委员会草案（CD）。

（5）审查阶段（enquiry stage）：审查草案——国际标准草案（DIS/CDV）。

（6）批准阶段（approval stage）：最终国际标准草案（FDIS）。

（7）出版阶段（publication stage）：国际标准（ISO）。

以上每个阶段的工作都有非常具体的内容、计划和保证完成的措施，用导则条文一一明确规定下来。与国内标准编制不同的是，国际标准的认可和批准一般是由委员会投票决定。任何一个要开发的标准项目由委员会中P成员投票的简单多数确定，一个委员会草案（CD）进入国际标准草案（DIS），必须满足下列条件：P成员的支持票超过2/3，反对票不超过总票数的1/4。由国际标准草案到最终国际标准草案仍然需要类似的投票表决手续。从初级到高级阶段，投票反映出来的标准中的问题通过协商、讨论逐个加以解决，以使国际标准充分体现协调一致的原则。国际标准批准程序也和中国不同，前者是成员国投票决定，而中国是由国家主管部门批准。

掌握 ISO 导则是一切工作顺利开展的基础，从参与多项国际标准编制的实践经验来看，参与国际标准制定有两个关键性阶段。

（1）筹备阶段

对于准备申报国际标准的提案，必须进行全面的标准对比分析，开展相关领域技术法规与技术标准的研究，熟悉国际标准编制的基本流程和要求，为正确提出标准提案奠定基础。一般先在国内进行提案征集，然后在国家标准化管理委员会会同业务主管部门主持下进行国内初选、终选等审查环节，最终确定提案定稿，最后在国际标准化技术委员会全体大会上进行汇报。

（2）工作组阶段

获得国际标准化技术委员会同意后，要在官网登记组长信息，并开始在全球范围内征集专家，一般专家来源需要超过5个国家才符合建组标准。工作组一般需要召开会议确定标准的工作大纲和一级目录，并在专业委员会全体会议上汇报进展情况；之后进行草案编写，按照标准编制导则要求完成各阶段汇报、审查工作，最终成为国际标准。

在编制过程中，要以"包容""共赢"的思路开展工作，广泛听取和吸收各方意见，并与技术对口部门和上级主管部门保持联络，获得必要的帮助和支持，提高效率，以制定出取得协商一致的有效措施。在保持原则的前提下应适当地采纳他国意见。在各类会议中，提前准备高质量的草案稿并发给各国专家有助于加快会议进程；存在严重意见分歧时，召集人需适时中止争论，争议可留待充分研究后下次会议讨论；要充分尊重外方专家的工作和生活习惯，会议应保持友好和谐的气氛，避免激烈冲突。编写过程中也要主动与技术分委会及工作组秘书保持沟通。

6.3.2 首个中国主持的 ISO 国际标准工作组进展情况

中国中车青岛四方机车车辆股份有限公司负责主持了 ISO/TC 269/SC 2《机车车辆车体侧窗》标准的编制，在 ISO/TC 269/SC 2 下建立了 WG 3 "车体侧窗"工作组，与"前窗玻璃""车内玻璃组件""设置规范"3 个后继标准形成车窗的国际标准体系。该标准工作组是铁路应用技术委员会（TC 269）首个由中国主持的工作组。

中国目前提出的"车体侧窗"标准草案经过1次工作组会议讨论，形成了部分一致意见。通过2或3次会议形成侧窗CD（委员会草案）稿，在2019年上旬形成侧窗的DIS（国际标准草案）稿。同时，随时关注欧洲前窗标准的修订进展，积极开展WG 3第2个标准"前窗玻璃"的相关工作；伺机开展"车内玻璃组件"NP立项，确保按照架构搭建4项国际标准的标准体系，确立中国在该领域的优势地位。

7 中外城市轨道交通标准主要指标对比

从标准的特征、组成、内容指标等方面，对比分析了中外城市轨道交通标准的主要指标，着重与欧美发达国家的标准进行了比对，以期对我国工程建设标准在"一带一路"沿线国家工程建设项目中的应用有所指导。

7.1 划分阶段维度对比

我国工程建设标准体系按照勘测、设计、施工、验收、运营、维护等阶段划分比较明确，欧美标准体系框架中未明确按照阶段维度进行划分，主要强调设计规范，并以设计为主线，对工程的施工、验收和运营规程进行统一规定。

阶段维度的区别是由国情确定的。我国的标准体系强调阶段维度，有利于项目管理，有利于快速推进项目建设。

7.2 对象维度对比

我国城市轨道交通工程建设标准先按照系统类型进行划分，再按照专业类型进行细分。例如，按照系统类型有《地铁设计规范》《轻轨交通设计标准》《跨座式单轨交通设计规范》《中低速磁浮交通设计规范》等标准，在标准内容中，进一步按专业划分为车辆、限界、线路、轨道（或轨道梁桥）、建筑、结构、防水、通风、空调与供暖、给排水、供电、通信、信号和综合监控（或系统控制）等。我国城市轨道交通工程建设标准体系来源于中国特有的城市轨道交通建设发展实践，覆盖了城市轨道交通工程建设领域的各环节，基本上能够"自成体系"。

欧美技术标准仅对与城市轨道交通特点直接相关的线路、车辆、轨道、通信、信号等作了详细规定，而对于测量、地质、基础设施等，采用了与交通、水利、建筑等土木行业通用的技术标准，没有系统的城市轨道交通行业标准。

7.3 相关指标差别分析

将我国工程建设标准与欧洲标准按专业对比分析线路、桥涵、车站结构、结构抗震、供电等内容，主要对比情况如下。

7.3.1 线路专业指标对比

选取以下标准进行对比。

欧洲标准：EN 13803：2017《铁路应用 轨道定线设计参数》（Railway applications—Track alignment design parameters）；

我国标准：《地铁设计规范》GB 50157—2013、《铁路线路设计规范》TB 10098—2017。

对于线路平纵断面设计，计算理论和方法一致，欧洲标准和我国标准均围绕平面设计参数（设计速度、最大超高、超高顺坡率、超高时变率、欠超高时变率）和纵断面设计参数（竖向加速度）展开。欧洲标准侧重于阐述各项参数的推导，其基本参数取值都较为宽泛，适用面较广，可直接用于轨距在1435mm及其以上、设计速度在360km/h以下的轨道交通线路，属于框架性规范，大量具体设计参数如缓和曲线长度等，需要工程师针对具体项目特点进行相关论证，并与业主、监理及其他相关方达成共识而最终确定。我国标准对平纵断面设计中所涉及的各项参数都给予了明确，工程师可根据具体项目的系统类型（地铁、轻轨、单轨等）直接套用相应标准中的各项参数，不需要对参数的取值进行论证（表7-1）。

我国与欧洲标准线路技术参数指标对比　　表7-1

项别		欧洲标准	我国标准（地铁）
超高	最大实设超高（mm）	160/180	120/150
	最大过超高（mm）	110/150	61/75
	最大欠超高（mm）	153/180	61/75
	超高顺坡率（mm/m）	2.5 3.3	2 3
	超高时变率（mm/m）	50 70	40
最小曲线半径	正线（m）	150	250
	站线	无规定	有规定

续表

项别		欧洲标准	我国标准（地铁）
缓和曲线	缓和曲线长度	根据实设超高、超高顺坡率、超高时变率、欠超高时变率计算	$0.007vh$
圆曲线及加直线长度	夹直角	"$0.25v/0.19v$" $L=q_{lim} \cdot v$	$0.5v$/一列车长
	圆曲线	无规定	20m
最小竖曲线长度（m）		20	无规定
最小竖曲线半径（m）		2000/500	5000/2000
最小坡段长度（m）		20	50+两端竖曲线
最大纵坡（‰）		未定义	30/35/40

分析表7-1可知：

（1）对于最大实设超高、最大过超高、最大欠超高、超高时变率等参数，我国标准较欧洲标准严格，计算的最小竖曲线半径比欧洲标准大，我国标准指标舒适度较高、养护维修量较小。

（2）对于圆曲线和夹直线最小长度，我国标准较欧洲标准严格，舒适度较高。

（3）最大坡度与列车牵引和制动性能密切相关，我国标准规定区间正线不大于30‰，欧洲标准未作规定。

（4）对于最小坡段长度我国标准较欧洲标准严格，舒适度较高。

（5）对于竖向离心加速度，我国标准与欧洲标准基本一致。

欧洲标准在参数选取上较为宽泛，我国标准和欧洲标准基础性技术参数的不同使其他设计参数存在较大差异，部分设计参数相关指标也不尽相同。当采用欧洲标准指导工程设计时，必须严格推导合适的设计参数，不能直接引用我国标准中的结论。

7.3.2 桥涵专业对比

（1）国内桥梁标准以行业划分而各成体系，如铁路、公路、城市桥梁等，欧洲标准是在一个统一的大体系下，针对不同专业并结合不同国家（地区）的实际情况，配套一些补充标准。

（2）对于设计使用年限，我国标准和欧洲标准基本等效，我国标准分类更加明确，欧洲标准规定更灵活。

（3）对于结构设计方法，我国标准采用容许应力法，欧洲标准采用极限状态法，我国标准正在向极限状态法转变。

（4）对于设计荷载，我国标准和欧洲标准大同小异，我国标准规定详细，大部分与欧洲标准等效，如自重、恒荷载、活荷载、动力系数、摇摆力、离心力、制动牵引力、基础沉降、温度作用力、预应力、预应力损失计算方法都大致相似，但在计算公式上有些差异（表7-2）。在结构构造方面，我国标准可操作性强，欧洲标准规定较少，灵活性较强。

我国标准和欧洲标准关于计算公式上的差异　　　　表7-2

项目	我国标准	欧洲标准	备注
动力系数	$1+\mu=1+[\sqrt{L_\Psi}\cdot1.44/(\sqrt{L_\Psi}-0.2)-0.18]$	$1+\mu=[2.16/(\sqrt{L_\Psi}-0.2)+0.73]$	
离心力	$V^2W/127R$	$V^2Q_{vk}/127r$	计算公式相同
摇摆力	分为重载、客货共线、高速铁路、城际铁路四种，其中城际铁路横向摇摆力取值为60kN，作用于轨面	100kN作用在轨面	
风荷载	风荷载强度$W=K_1K_2K_3W_0$，作用于桥上的风荷载为风压×迎风面积	$0.5\rho_bV^2CA_{refx}$	
预应力筋与孔道壁之间的摩擦损失	$\sigma_{con}[1-e^{-(\mu\theta+kx)}]$	$P_{max}[1-e^{\mu(\theta+kx)}]$	计算公式相似
混凝土收缩徐变导致的预应力损失	$\sigma_{l5}=\dfrac{55+300\dfrac{\sigma_{pc}}{f'_{cu}}}{1+15\rho}$ $\sigma'_{l5}=\dfrac{55+300\dfrac{\sigma'_{pc}}{f'_{cu}}}{1+15\rho'}$	$A_p\dfrac{\varepsilon_{cs}E_p+0.8\Delta\sigma_{pr}+\dfrac{E_p}{E_{cm}}\varphi(t,t_0)\cdot\sigma_{c'QP}}{1+\dfrac{E_p}{E_{cm}}\dfrac{A_p}{A_c}(1+\dfrac{A_c}{I_c}Z_{cp}^2)[1+0.8\varphi(t,t_0)]}$	欧洲标准为EN：1992-1-1：2004的第5.10.6条

（5）对于钢筋混凝土及预应力混凝土的构造要求，我国标准规定细致，欧洲标准对计算方法规定详细，对限值的取用则比较笼统。

7.3.3 车站结构专业对比

结合实际项目研究情况（具体项目案例为埃及斋月十日城市郊铁路项目），对比了车站结构专业的我国标准、欧洲标准与埃及标准。

（1）反映结构可靠度或重要性的指标，我国标准结构安全等级为一级（系数1.1），欧洲标准结构可靠度等级为RC3级（系数1.1），我国标准与欧洲标准表述不一致，但反映到设计表达式中的效果基本一致。

（2）混凝土强度等级（设计值），埃及当地同等强度等级混凝土强度设计值大约与我国标准高一强度等级混凝强度设计值相等，如埃及C35强度设计值大约与我国标准中C40强度设计值相等。

（3）钢筋强度设计值：我国标准与埃及标准大体一致。例如，我国标准HRB400级钢筋强度设计值为360MPa；对应埃及钢筋为400/600级钢筋，其强度设计值为400/1.5（标准值/材料分项系数）=350MPa。

（4）混凝土保护层厚度：欧洲标准的混凝土暴露等级（大致与我国标准的环境类别意思相近）较我国标准更丰富多样，但反映到最终混凝土保护层厚度的具体数值上时，我国标准与欧洲标准基本相当。同时，在结构防火相关设计要求中，均对不同耐火时效的不同混凝土构件的保护层厚度作出了最小值的规定，工程设计年限为100年时，混凝土保护层厚度较50年设计时更厚，所以当保护层厚度满足对应暴露等级的保护层最小值要求时，一般均能满足耐火的相关要求。

（5）构件的裂缝计算：反映到计算结果上，同等情况下，欧洲标准比我国标准计算所得的裂缝宽度要小。

（6）风荷载：埃及标准以风速作为输入条件，计算得出风压。开罗当地设计风速为33m/s，若按我国标准《建筑结构荷载规范》GB 50009-2012，由风速确定风压，则对应风压值大约0.7kN/m²。我国标准与欧洲标准在风压高度变化系数、风荷载体形系数等方面的规定较类似，经过推导，对于本项目车站结构（平面矩形、平屋面），欧洲标准中迎风面和背风面的体形系数分别为0.8和-0.5，与我国标准完全一致。

（7）车站楼面人流荷载取值：我国标准为4kN/m²，即使"活荷载考虑设计使用年限的调整系数1.1"，调整后活荷载取值为4.4kN/m²。欧洲标准为5~7kN/m²（无"活荷载考虑设计使用年限的调整系数"一说），本项目取值为6kN/m²，比我国标准调整增大后的值大36%，差距较大。

（8）屋面荷载：对于普通上人屋面荷载，我国标准和欧洲标准取值一致，均为2kN/m²。对于不上人屋面荷载，欧洲标准取值为1kN/m²，我国标准取值为0.5kN/m²。

（9）荷载分项系数：承载能力极限状态时，我国标准荷载恒荷载、活荷载、风荷载、水平地震作用效应荷载分项系数取值分别为1.2或1.35（活荷载控制或恒荷载控制）、1.4、1.4、1.3，欧洲标准荷载恒荷载、活荷载、风荷载、水平地震作用效应分项系数取值分别为1.35、1.5、1.5、1.0。欧洲标准的恒荷载、活荷载的分项系数明显比我国标准大，但水平地震作用效应分项系数较我国标准小。我国标准《建筑结构可靠性设计统一标准》GB 50068-2018中，已将恒荷载与活荷载分项系数调整为1.3与1.5，已基本与欧洲标准一致。正常使用极限状态时，我国标准和欧洲标准荷载分项系数取值有差异，但差异不大。

（10）荷载组合值系数：我国标准和欧洲标准荷载组合值系数存在差异，但从总体上来说差异不大。

7.3.4 结构抗震设计对比

欧洲标准与我国标准的抗震设计理念存在较大差异。我国标准抗震措施的目标是隐含的，使设计者对标准的把握相对简单，降低设计者理解和掌握标准的难度。欧洲标准的抗震构造措施与相应的地震作用计算直接关联，设计者可以采用不同的设计地震力—延性组合，设计目标明确，增加了设计的灵活性，但也增加了设计者理解标准的难度。我国标准设计中有关抗震设计的很多参数无法与欧洲标准作直接对比，所以在作两者抗震设计的对比时，着重从两个标准体系抗震设计的理念，以及反映到同一结构模型上的计算结果等方面进行对比。

（1）地震作用放大系数：我国标准与欧洲标准的抗震规范都是基于50年的设计基准期，所以当结构设计使用年限为100年时，计算所得的地震作用均需放大，我国标准为1.3～1.4，欧洲标准为1.2。

（2）从"荷载分项系数"的描述中可以看出，在对水平地震作用效应进行组合时，我国标准和欧洲标准的分项系数分别为1.3和1.0，区别明显。

（3）我国标准设计时，结构的基底剪力、抗震等级、抗震措施是一个确定的值。以地震烈度7度区（0.15g）Ⅱ类场地标准设防类框架结构A为例：7度区标准设防决定了框架抗震等级为三级（对应三级抗震措施，也可理解为我国标准意义上的延性等级），不可改变；0.15g决定了水平地震影响系数最大值α_{max}=0.12；Ⅱ类场地决定了其场地特征周期；将以上各信息代入标准反应谱，即可得出确定的地震作用值。而对于上述同一框架结构A，在利用欧洲标准设计时，因为既可以采用DCM（中等延性）设计，也可以采用DCH（高延性）设计，而DCM与DCH对应的性能系数q值是不同的，所以最终采用DCM或DCH设计会得到不同的基底剪力；不同的延性等级（DCM或DCH），则对应着不同的抗震措施。

（4）欧洲标准考虑了结构的延性耗能特性，根据结构延性等级选取不同的折减系数（即性能系数q）调整地震作用；而采用我国标准设计的结构的延性等级与地震作用计算没有直接关系。

（5）通过对工程车站结构某一子项计算模型，分别采用我国标准和欧洲标准进行计算，得到的结果反映出以下规律：①我国标准计算得到的地震作用效应从总体上来说明显比按欧洲标准计算的结果大；②我国标准的底层柱弯矩包络值比欧洲标准的结果大，原因为抗震设计时，我国标准底层柱下端截面组合的弯矩设计值需分别乘以增大系数1.7、1.5、1.3和1.2（对应抗震等级一至四级），欧洲标准中没有对框架结构底层柱采取增强措施。

（6）我国标准和欧洲标准在构件内力调整、抗震构造措施、延性等级（我国标准的抗震等级从某种意义上可看作是延性等级）方面的对比如下。

①强柱弱梁调整：我国标准抗震等级为一级的框架采用的柱端弯矩调整系数与欧洲标准高延性（DCH）框架相当，我国标准抗震等级为二、三、四级的框架柱端弯矩调整系数低于欧洲标准中等延性（DCM）框架。

②强剪弱弯调整：我国标准抗震等级为一级的框架采用的剪力调整系数略低于欧洲标准高延性框架，我国标准抗震等级为二、三、四级的框架剪力调整系数低于欧洲标准中等延性框架。

③梁、柱纵筋最小配筋率：我国标准抗震等级为一级的框架与欧洲标准高延性框架相当，我国标准抗震等级为二、三、四级的框架明显低于欧洲标准中等延性框架。

④梁、柱端部箍筋加密区构造要求：我国标准抗震等级为一级的框架与欧洲标准高延性框架相当，我国标准抗震等级为二、三、四级的框架高于欧洲标准中等延性框架。

⑤柱轴压比限值：我国标准抗震等级为一级的框架与欧洲标准高延性框架相当，我国标准抗震等级为二、三、四级的框架高于欧洲标准中等延性框架。

⑥结构延性等级对比（我国标准抗震等级可看作是延性等级）：我国标准抗震等级为一级的框架与欧洲标准高延性框架抗震措施相当，我国标准抗震等级为二、三、四级的框架抗震措施低于欧洲标准中等延性框架。或者可以说，我国标准地震烈度9度区钢筋混凝土框架结构的延性等级可以达到欧洲标准高延性的要求，而我国标准地震烈度6度至8度区钢筋混凝土框架结构的抗震措施低于欧洲标准中等延性的要求。

7.3.5 供电专业指标对比

（1）标准电压

对比标准：GB/T 156-2017和IEC 60038：2009。

从适用范围上，GB/T 156-2017适用于标称电压高于220V（IEC 60038：2009适用于标称电压高于100V）、标准频率为50Hz的交直流电、配电、用电系统及其设备；适用于额定电压低于120V、标准频率为50Hz（但不绝对限制）的设备，以及直流电压低于1500V（IEC 60038：2009适用于直流电压低于

750V)的设备。

在标准电压方面，GB/T 156-2017将IEC 60038：2009标称电压230V/400V和400V/690V分别修改为220V/380V、380V/660V，同时增加了某些应用领域适用的1140V；GB/T 156-2017中，交流低于120V或直流低于1500V的设备额定电压中交流设备额定电压增加备选值42V，直流设备额定电压增加优选值400V，将IEC 60038：2009中的优选值440V改为备选值。

（2）绝缘配合

对比标准:《绝缘配合 第1部分：定义、原则和规则》GB 311.1-2012和IEC 60071-1：2006、IEC 60071-1：2010。

IEC 60071-1：2006频率范围为48～62Hz，考虑到60Hz对我国电网不适用，GB 311.1-2012将频率范围定为45～55Hz，与《高电压试验技术 第1部分：一般定义及试验要求》GB/T 16927.1-2011相一致；GB 311.1-2012调整了标准绝缘水平，较IEC 60071-1：2006更全面；GB 311.1-2012增加了不同类型输变电设备的额定耐受电压，较IEC 60071-1：2006更全面、细化。

（3）电力变压器

对比标准:《电力变压器 第1部分：总则》GB 1094.1-2013 和IEC 60076-1：2011。

GB 1094.1-2013增加了资料性附录A，将本部分与IEC 60076-1：2011的技术差异及原因列于该附录中；GB 1094.1-2013增加了资料性附录B，将IEC 60076-1：2011中未被采用的液浸式变压器真空变形试验和液浸式变压器压力变形试验的内容列于该附录中。

供电系统与欧洲标准对比情况如表7-3所示。

供电系统对比分析　　　　　　　　　　　　　　　　　表7-3

主要内容	对比分析结果
供电来源	我国电力标准规定重要负荷主要从公用电网接引的两路中压电源保证供电可靠性，比欧洲标准要求更高
牵引变电	基本等效
接触网结构	我国标准较欧洲标准严格
接触网边界条件的确定	基本等效

7.4 相关内容差别分析

从路基、站场、轨道、通信信号等方面对比分析我国标准与欧洲标准，主要内容如下。

7.4.1 路基（表7-4）

路基对比分析   表7-4

对比主要内容	对比分析结果
路基设计使用年限、路基设计荷载类型与组合原则、路基结构设计理论、路基结构及组成、路基沉降估算方法、主要地基处理措施、路基边坡防护措施类型	基本等同或等效
路基填料、边坡、路基面、压实、过渡段、支挡结构、防排水、与站后专业接口处理等内容	我国标准规定具体、明确、实用性强，欧洲标准属于通用标准

7.4.2 站场（表7-5）

站场对比分析   表7-5

对比主要内容	对比分析结果
标准分类	我国有单独的站场标准，而欧洲无单独的标准，有关设计规定分散在线路、路基、轨道及房建标准中
限界，如站台与线路间距、构筑物距线路距离、线间距、曲线加宽等	计算方法基本一致，具体采用数值不同
站场布置、到发线有效长度等	基本等效
道岔、道岔的辙岔角度	我国标准与欧洲标准一致，区别在于道岔全长及几何形状

7.4.3 轨道（表7-6）

轨道对比分析   表7-6

对比主要内容	对比分析结果
轨道产品（钢轨、扣件、轨枕等）	中欧铁路技术标准中，对轨道产品的技术要求分类较为接近，我国标准中针对高速铁路无砟轨道的配套产品提供了相应的技术条件，而欧洲标准中没有单独针对高速铁路给出技术标准
无砟、有砟轨道结构，无缝线路	我国标准有详细规定，欧洲标准无规定，各成员国各自制定

7.4.4 通信信号（表7-7）

通信信号系统对比分析   表7-7

对比主要内容	对比分析结果
列车运行控制系统、总体技术方案、与外部信号系统接口、临时限速方案、信号安全数据网	我国标准有详尽的规定，欧洲由各厂商自行实现，无标准规范
兼容性	我国的CTCS列控系统与欧洲的ETCS列控系统，二者实际内容没有重大差别，并且我国的CTCS-3级列控系统兼容CTCS-2级列控系统

7.5 小结

对于土建工程，我国标准一般不低于欧洲标准，其设计思路和理念基本相同，差异主要体现在计算方法及隧道安全救援设计等方面。

对于设备工程，我国标准在制定时参考了国际标准（包括欧洲标准），两者在指导设计方面差异较小。

总体上，欧洲标准侧重于阐述各项参数的推导，其基本参数取值较为宽泛，适用面较广，属于框架性规范。部分专业采用了与交通、水利、建筑等土木行业大通用的技术标准。采用欧洲标准指导工程设计时，必须严格推导合适的设计参数。

我国标准按照系统类型、专业分类，形成了覆盖轨道交通工程建设领域各环节的工程建设标准体系，基本"自成体系"。采用标准时各项参数选取较为明确，有利于项目管理，有利于快速推进项目建设。

我国标准与欧洲标准在结构设计方法、抗震设计理念上存在较大差异。在结构设计方法上，我国标准正由容许应力法向欧洲标准采用的极限状态法转变。

8 城市轨道交通海外项目应用标准情况

8.1 海外项目应用标准情况

1）越南河内城市轨道交通吉灵—河东线

该项目基本采用全套中国标准、规范进行设计、施工、产品采购（采用标准清单见附表1），按合同规定翻译上报大量使用到的中国标准规范，得到业主的批准并在项目中使用。同时，在项目实施过程中，对于部分当地分包的工作内容使用越南当地设计规范。

2）伊朗德黑兰地铁项目

该项目基本全部采用中国标准（采用标准清单见附表2），作为中国企业"走出去"最早期的项目，为中国产品和成套装备"走出去"积累了经验，并探索路径。

3）哈萨克斯坦首都阿斯塔纳轻轨项目

该项目全部采用中国标准（采用标准清单见附表3），这也是中亚地区首条全部采用中国标准的城市轨道交通项目。对中国城市轨道交通工程"走出去"极具意义，为中国城市轨道交通在周边国家打响品牌创造了良好的机遇。

4）以色列特拉维夫红线轻轨运营维护项目

该项目是采用欧洲标准设计、欧洲标准施工的"双欧标"项目，采用标准清单如附表4所示。

5）埃及斋月十日城市郊铁路项目

由于埃及的地理位置接近欧洲，同时埃及的重大项目一直是由欧美的国际知名公司承担，因此，埃及各部门比较认同欧美标准，建成、在建的重大项目也采用的是欧美标准。埃及许多行业的国家标准也是直接沿用或者参照欧美标准。关于该项目的标准，土建确定采用UIC标准或欧洲标准，机电设备系统采用国际标准。

6）莫斯科地铁项目

该项目位于俄罗斯首都莫斯科，早在1932年莫斯科便修建了举世闻名的地铁线路。我国的地下隧道工程建设标准及规范很多内容是参照苏联的编写的，双方标准在理论基础上是相似的。城市轨道交通中的土建结构工程建设标准在莫斯科地区目前还没有应用，两国规范中关于结构计算的各项参数取值不同，主要工程材料的力学性能不同，城市轨道交通行业采用的计算模型也有差别，与此同时，莫斯科地铁的运营部门、运营模式及人员构成数量与我国地铁存在较大差异，该项目初步方案要经过俄方的层层审批才能实施，在设计标准上很难引入我国的设计标准。

该莫斯科地铁项目我国仅承担了西南线中一个标段的设计，只有建筑、结构两个专业参与设计。由于只是这条线上的一部分，从线路、建筑形式到设备系统都要与这条线保持一致，才能有效连接，故俄方在合同中指明必须采用俄方标准。但俄方也声明中方标准如果更合适，也有机会得到局部应用。采用标准清单如附表5所示。

7）巴基斯坦拉合尔轨道交通橙线项目

该项目作为全面采用中国技术、中国标准、中国装备的综合性城市轨道交通项目，将为提升整个巴基斯坦的城市轨道交通水平提供借鉴，既是中国"一带一路"倡议的样板工程和旗舰项目，也为巴基斯坦的发展提供了重要机遇。同时，该项目是建设"一带一路"中巴经济走廊的具体落实，对深化中巴友谊具有里程碑式意义。

8）中国中车签订的车辆项目

（1）美国芝加哥地铁

美国自身制定标准的历史悠久，标准体系发达且全面，且多为强制性标准，就城市轨道交通行业来说，业主已有30～40年的车辆运营经验，对车辆的性能结构都有深刻清晰的认知。由于存在标准强制性要求，且标准完全可以覆盖整个车辆系统，目前除少量引用IEC和IEEE等国际标准外，没有其他国家标准进入。我国城市轨道交通标准目前暂不具有进入其市场的条件和能力。

（2）中国香港地铁市区线

中国香港地区于1982年开通第一条地铁线路，到2017年底共开通11条线路。由于历史原因，香港没有自己的城市轨道交通建设标准，其第一批车辆和线路均是基于英国标准建造，所以香港地铁目前还一直沿用英国的相关地铁行业标准，此外还有大量的IEC和ISO通用国际标准。虽然目前香港没有明确的规定不能采用中国标准，但港铁目前很难接受中国标准，一般情况下技术标准不会采用中国标准。

香港市区线合同规定车辆图样等基础标准可采用中车青岛四方机车车辆股份有限公司的企业标准，其他车辆技术标准均来自IEC（国际电工委员会）、ISO和部分法国、美国及UIC（国际铁路联盟）标准。

（3）埃塞俄比亚的斯亚贝巴70%低地板轻轨车

埃塞俄比亚没有自己的标准体系，车辆设计主要执行的标准为中国标准结合ISO、UIC、IEC、BS、EN等国际和区域标准，也包括德国和日本标准。中国标准主要包括中国国家标准和铁道行业标准，涉及车辆设计、空调系统、动力学性能评定、验证各领域，中国标准占总标准数量的约47%。采用标准清单如附表6所示。

（4）美国波士顿橙线地铁车辆

波士顿项目车辆是中国首个全车各系统采用美国标准设计的产品。焊接执行AWS标准体系，材料执行ASTM标准体系，车体设计执行ASME标准体系，车辆防火执行NFPA标准体系，整车满足美国残疾人协会标准（ADA）、《美国马萨诸塞州公共交通安全运行法案》，同时满足美国各轨道交通行业标准等。车辆满足美国联邦、州、行业等的150余项标准，整车具有完全自主知识产权。

（5）墨尔本地铁车辆（HCMT）项目

该项目未使用中国标准。

澳大利亚存在完整的铁路车辆建造、维修、运营标准体系，称为AS7500系列标准。所有服务于澳大利亚的铁路车辆需要参照此系列标准执行，该系列标准包含强制执行部分和建议执行部分，任何不满足标准规定的强制条款的，车辆制造商均需要提供充足的控制措施说明车辆的安全性。

在墨尔本地铁车辆（HCMT）合同条款中要求车辆制造方满足澳大利亚标准的同时，还需要满足技术要求中的EN、IEC、ISO、BS、UIC标准。在此基础上，车辆建造方还需满足州政府、运营方的法律法规。

（6）以色列特拉维夫红线轻轨车辆项目

该项目未使用中国标准。

项目合同对车辆设计要求非常严格，需满足EN、ISO、UIC、IEC及以色列的相关标准。除以色列本国标准和国际标准外，项目标准清单中还包括一部分德国标准及少量美国和英国标准。

（7）伊朗德黑兰地铁车辆项目

项目中地铁车辆标准基本是中国标准与ISO、UIC、IEC等国际标准及德国标准、法国标准结合使用，其中国标准占比达30%。该项目为早期出口项目，地铁车辆标准清单（附表7）中只列出了相关重要标准。

（8）麦加轻轨车辆项目

车辆设计主要执行的标准为EN、ISO、IEC等国际标准及少量德国标准，但在制图、过轨运输、铁道车辆用安全玻璃等方面采用了中国标准。采用标准清单如附表8所示。

8.2 困难和问题

结合调研成果，梳理研究中国城市轨道交通工程建设标准在国外应用存在的困难和问题，主要包括：

（1）标准可兼容性、缺少英文翻译等本身的问题影响其国际化；

（2）标准管理制度差异的制约；

（3）标准国际化统筹布局不足；

（4）国际工程建设对中国标准认知度、认可度不高；

（5）工程项目所在国自我保护限制；

（6）欧、美、日等发达国家推行标准的竞争制约；

（7）发展中国家城市轨道交通工程建设标准环境未成熟。

中国标准在国外应用存在的困难和问题可分为外部因素和内部因素。其中，上述第（1）～（3）项为内部因素，第（5）项及以后为外部因素。在推进中国标准国际化的进程中，需深入研究内部因素，制订出有效的改进方案。同时，积极研究办法突破外部因素，有效降低外部因素的制约。

8.3 原因剖析

1）标准本身的原因

标准层次、类型较多，存在一定的交叉、重复。中国标准包括国家标准、行业标准、地方标准、团体标准、企业标准五个层次；工程建设方面涉及综合标准、基础标准、通用标准、专用标准四种类型，与欧美标准相比，中国标准层级、类型相对较多，存在一定的交叉、重复。

标准条文规定重结论、轻过程，可执行性强，但细致程度不足。中国标准内容多基于实践经验总结，直接明确结论或给出结论，相较于欧洲标准细致程度不足，如在钢轨要求上，欧洲标准包括物理和化学的成分多少、合金含量的比例多少等详细数据，中国标准则没有如此细致。

难以与国外标准兼容，且标龄较长。在工程实践中发现，国外很多国家采用多种标准并存的发展模式，而中国标准体制、内容均与他国标准或国际标准存在差异，较难以兼容。同时，相比发达国家3～5年的标龄，我国标准的标龄显得过长，有些标准的使用期长达20年以上，技术内容要求已经落后。

标准外文版翻译力度不够。外文版的中国标准是标准国际化的基础，一部无法阅读的技术标准是不可能被他国认可和使用的。目前，我国工程建设标准的外文版数量较少，靠企业自行翻译不但无版权，翻译的准确性及相关词汇的准确性也无法得到保证，远不能满足实际使用需求。

2）标准管理体制的制约

WTO/TBT对"技术法规"的定义为："技术法规是强制执行的，规定产品特性或相应加工和生产方法的，包括可适用的行政管理规定在内的文件。技术法规也可以包括或专门规定用于产品、加工或生产方法的术语、符号、包装、标志或标签要求。"

从上述定义可以看出，技术法规和标准相比，既有相同的部分，也有不同的部分。相同的部分为，规定的内容都有产品特性、相应的加工或生产方法以及相应的术语、符号、包装、标志或标签要求。不同的部分为，技术法规是强制执行的，而标准是自愿性、非强制执行的；技术法规中包含有行政管理性规定，而标准中没有；技术法规由具有立法权的机关批准发布，标准则由公认的机构批准发布，包括可以由民间机构批准发布；技术法规可以只作出原则的规定，具体技术内容可以采取引用相关标准的方式，而标准往往是规定具体的技术内容。

依据技术法规的"强制性"特点，我国将强制性标准定义为中国的技术法规。但其实二者又分属于不同的领域，技术法规是国家法律的组成部分，是法律的范畴，其强制性是法律的本质属性；而强制性标准则属于标准体系，属于技术领域，其强制性由有关法律法规赋予。在内容上，技术法规中行政性管理的内容较多，而强制性标准主要是专业性技术内容，需服从技术法规，可被其引用。同时，技术法规和强制性标准的制定发布程序、编写要求、管理机构也不同。因此，强制性标准原则上不等同于技术法规，也不属于法律法规的范畴，不具有法律地位。

根据WTO/TBT的规定，技术法规的制定需遵循透明的原则，并履行通报、咨询、解释的义务。现阶段我国强制性标准数量、种类众多，内容上有全文强制和条文强制，错综复杂，无法满足WTO/TBT的要求，一定程度上制约了我国标准的国际化。近年来，根据《国务院关于印发深化标准化工作改革方案的通知》(国发〔2015〕13号)要求，开展了强制性标准的清理评估和整合精简工作，以及团体标准的制定工作，但由于管理体制差异，还需根据实际情况进行大量研究，进行适当的调整和修改，以期尽快和国际接轨。

3）标准国际化输出统筹布局不足

欧、美、日等一些国家利用前期规划介入等方式统筹规划，提前把本国的相关标准、发展理念嵌入相关方案中，并在过程中积累了大量的政府资源和当地人脉，在后期项目招标中取得了巨大优势。例如，日本 JICA（Japan International Cooperation Agency）主要为发展中国家培养人才，建立、完善政策、制度，提供援助、实施国际合作，具有强大的政府和财团背景，在全球范围内设立了 100 多个事务所，近几年在东南亚、西亚、非洲等"一带一路"沿线国家做了大量的前期研究，包括城市总体规划、公路、铁路、城市轨道交通、城市道路、工业园区、能源等领域的规划、项目建议书、可行性研究等，且多数都是援助性质。通过较小代价投入前期规划研究项目，在城市规划、交通规划中灌输了日本的相关标准、发展理念，并在后期规划逐步实现的过程中，通过前期积累提前介入各种项目，为日本国内承包商、银行、设备商、贸易商等提供了有力的资源支持和人脉牵线，从战略上占据了项目市场的主导权。通过前期战略性投入，单是在基础设施建设方面就获得了非常明显的效果。而目前我国"走出去"的企业基本采取"单打独斗"的形式，没有一个专门机构或组织从战略上就工程产品、技术工艺质量进行把控，对专业技术、国际标准研究、专业语言能力等方面的人才培养也没有统筹，影响了标准的国际竞争力。

4）对我国标准认知度不高

社会环境发展历程、语言、文化、教育、观念等因素不可避免地影响着标准的建立。受制于历史因素、社会环境、政治因素及思维导向等因素，我国的工程建设标准在语言组织、描述方面与国外标准存在一定差异，且在进行标准翻译时，因文化差异也会容易产生歧义，导致对标准的理解产生差异。许多国外工程师几乎没有接触过我国标准，而我国标准的翻译及解释性条文又不足，在国际工程建设中对我国标准的理解存在一系列问题和困难，使得中国标准认知度、认可度不高。

5）工程项目所在国自我保护限制

工程所在国从保护当地企业和员工等角度出发，许多项目会在招标时限制只能当地公司参加，或当地公司无法实施项目时，才允许国际招标。国外公司通常以两种方式参加：第一种是以合法的合资方式成立非生产性合资公司；另一种是在当地寻找合作伙伴，签订合作协议，成立生产性合资公司，并得到有关部门的批准，投标时标书和合作协议一起提交招标委员会。上述两种方式都会有限制条件，要求当地的工作比例不得少于 51%。这些规定导致国外总承包企业无法独立在当地承接城市轨道交通项目，当以联合体方式中标后，后续工程执行中当地有能力实施的会全部采用自有劳工和自有设备及本国施工企业，没有能力实施的也是通过咨询或通过在当地合资建厂等方式进行。这给国外企业包括中国企业进入当地城市轨道交通领域带来很多困难，也使工程建设标准的国际化受到一定限制。

6）欧、美、日等发达国家标准的竞争

欧、美、日等发达国家标准经过长期的发展和推广，在国际工程市场中有着极大的影响力和强劲的竞争力。德、法、日、美、英等国在国际标准化领域起主导作用，目前，铁路国际标准主要由德、法主导编制，日本近年来也成为铁路国际标准最有影响力的国家之一。很多国家都会优先考虑使用欧、美、日等国家的标准或规范，甚至会在工程招标文件中明确要求采用欧、美等标准。例如，若采用欧洲标准，意味着中国城市轨道交通企业的国际工程、产品装备要经过欧洲认证，包括信号、车辆、钢轨、水泥、橡胶垫片、紧固件等，此外还包括设计规范、工艺流程，甚至模具都需要采用欧洲标准。中国企业的各项产品都经过中国有关质检中心的认证，事实已经证明产品安全、性能可靠。若再经过欧洲标准的认证，将交纳一笔不菲的认证费用。如果再改造厂商模具、生产设备的规格、工艺流程等，资金投入更大。这些都将大大增加轨道交通建设和生产成本。

7）发展中国家标准应用环境尚不成熟

我国对外工程承包业务主要集中在亚洲和非洲，占比超80%，其中绝大多数为发展中国家。这些国家目前未完全建立成熟、系统的城市轨道交通工程建设标准，对工程建设标准仅停留在主观认识的基础之上（如城市轨道交通高架站进站上坡、出站下坡的设计），导致国内成熟、系统的工程建设标准导入过程艰难，制约项目整体工期。同时，我国城市轨道交通工程建设标准在当地应用时，缺乏相应的运营标准支撑。根据国内经验，城市轨道交通线路在建设前期，运营单位一般根据运营标准提前介入新线建设，并提出优化意见，保证线路后续运营安全、稳定、便利。当地建设环境不成熟及运营标准缺乏，一定程度上影响了工程建设标准在当地的应用。

8）其他原因

（1）设计咨询业能力要求差异

在不同国家或地区工程建设标准对于设计咨询能力要求各不相同，其机构设置、设计范围及划分的不同，对相应的设计算法、技术要求等与国内有明显差别。同时，对应的施工技术差异与图纸审核流程等均对工程设计咨询工作造成一系列影响，一定程度上会影响工程建设标准的国际化。

（2）对方工程师在建设工程中的角色影响

相对于比较成熟的设计、生产、制造等标准，工程施工和验收的标准因工程所在国不同，当地"工程师"在建设工程中扮演的角色具有比较重要的影响。例如，在使用我国标准的工程项目中，初次接触的国外监理工程师会感到不适应，或者认为我国的施工方法和工艺不正确，最终导致监理发出停工令，出现窝工、工程成本增加等问题，某种程度上也会制约工程建设标准的国际化。

（3）从业人员职业资格要求差异

在不同国家或地区对设计、施工等从业人员具有强制性的人员资格要求，我国参与的相关方不具备其特殊资格要求，必须寻找当地或国际人员与之相匹配，而此类人员惯用当地或国际标准，这种情况也对我国标准的国际化形成一定制约。

9 城市轨道交通标准国际化建议

结合城市轨道交通标准在调研案例中存在的实际困难和问题，经多方调研、分析，提出城市轨道交通标准国际化的对策及建议。

9.1 城市轨道交通标准国际化需求分析

9.1.1 践行"一带一路"助力国家倡议

随着国家"一带一路"倡议的推进，我国城市轨道交通行业逐步走向国际市场，越南、埃及、埃塞俄比亚等国家开始采用中国工程、设备，中国城市轨道交通取得了令人瞩目的成就，已经成为一张靓丽的名片。在国际市场上，要增加我国标准在国际标准中的"分量"，有必要开展标准先进性与国际化研究，寻求符合我国城市轨道交通现状，可逐步融入全球化的城市轨道交通行业技术标准体系的发展道路，推动具有比较优势的相关标准制定为国际标准或相关标准内容被国际标准采纳，这对我国企业走向国际市场，践行国家"一带一路"倡议非常重要，具有深远而良好的国际社会效益。

9.1.2 提升国际化合作的技术含量与经济附加值

我国企业"走出去"从最初劳动密集型、低附加值的劳动输出、施工总承包，逐渐转变成为显现我国企业技术优势，具有高层次、高技术含量、高经济附加值特点的自主承建EPC（交钥匙）、BOT（建设、经营、转让）等大型项目，而在带有高附加值的市场竞争中，选用何种标准至关重要。

世界贸易组织（WTO）的有关协定给予了国际标准化很重要的地位和作用。中国标准国际化可以为我国参与国际工程及贸易提供基本的技术依据，为消除技术性贸易壁垒、实现国际贸易自由化创造条件。中国标准国际化可以为解决国际贸易质量纠纷创造公正的条件，提供仲裁的技术依据；也可以为在国际贸易中建立我国或企业的优势地位提供指导。

9.1.3 促进国内企业在国际工程合作中实现共赢

我国的城市轨道交通发展规模是世界上最大的，系统制式多，建设速度快，设备制造能力强，可以为世界各国发展城市轨道交通工程提供良好的服务，完成全产业链的城市轨道交通体系建设。

当前，中国城市轨道交通国际化速度不断加快，不仅仅是工程建设本身，还包括了融资、运营管理和维修管理等内容。随着世界经济的快速发展，世界上越来越多的城市具备了建设城市轨道交通的基本条件，未来城市轨道交通的国际市场将不断扩大。

在国际市场上，中国的城市轨道交通设计、土建及设备系统成本远远低于发达国家。中国城市轨道交通运营经过几十年的发展，早已形成一整套完整的与中国工程建设标准相匹配的运营标准。从运营的角度来说，城市轨道交通从设计、土建到设备安装采用中国标准，能够与之完美匹配，达到经济效益最大化。

但是，在国际市场上，国际工程市场业主普遍采用国外的技术标准，成为我国对外承包企业开拓国际市场的制约因素。项目工程若采用西方标准，或由西方监理公司负责监理，技术效应和经济效益难以得到有效保证。

9.1.4 有利于满足工程、产品跨国生产与建设需要

随着社会化、专业化大生产的发展，现在许多产品的生产已不在一个国家内完成，工程建设也不仅是国内的企业，标准国际化可以为这些工程建设和产品生产提供共同的技术依据，也可为这些工程与产品企业的管理和运行提供良好的技术支撑。

9.2 城市轨道交通标准国际化建议

9.2.1 按国际规则提高标准兼容性

针对不同地域、不同文化、不同政治结构的国家，标准内容编写尽可能采用国际通行的表现形式，形成严谨易读的标准内容。组织梳理欧美标准与中国标准的差异，要特别注重技术参数标准选定、与当地标准融合应用等问题，以增强推广中国标准的说服力，同时也进一步完善中国标准，以便国际市场对我国标准的理解、评估和采用。

我国工程建设标准中的内容、指标、方法经过几十年的考验已日臻成熟，具备国际化的条件。但我国工程建设标准与国际标准差异较大，我国的标准条

文多为直接给出结论，原理性解释说明及引用出处一般在条文说明中给出，而条文说明又不具备和正文同等的效力，对于不熟悉我国标准编制体例的工程技术人员，较难透彻理解条文规定。在国际工程项目中，难以让对方信服，造成对方不认可、不接受中国标准，对推行中国标准国际化造成很大困扰。

未来进行标准编制时，除了保留我国标准注重实用、拿来就能用的特点之外，还应学习借鉴国外标准注重原理和方法的特点，标准内容与编写形式尽可能与国际标准接轨。同时，有针对性地分析中国标准与欧美标准的差异，进行与国际标准的对标工作，并充分考虑标准的地区化差异，避免给标准的执行带来困难。

同时，进一步加强中国工程建设标准自身的基础理论研究，使标准技术指标的可靠性有更强说服力；进一步加强工程建设领域新材料、新工艺、新方法的标准化研究；进一步加强中国标准中有关绿色环保、施工安全、以人为本的建设理念和方法研究。

9.2.2 加强标准体系建设和制度建设

标准是衡量企业技术水平和自主创新能力的重要体现，标准化是提升企业核心竞争力的关键性要素。依照国际通用的标准体系要求，升级我国的标准体系成为当务之急。

目前我国城市轨道交通标准体系尚不健全，应制修订、完善城市轨道交通专业术语、分类等基础标准；补充、完善重要的、具有技术引领作用的关键标准；优先制修订涉及安全、环保、公共利益的相关标准；尽快推进标准的系统化、专业化，形成一系列的标准文本，以适应多变的城市轨道交通建设需求。

在标准制度上，应重视标准的实施、监督等，且应建立完善的合格评定（认证）制度。

9.2.3 加强标准外文版翻译工作

"一带一路"沿线各国语言各异，针对不同地域、不同文化、不同政治结构的国家，要积极推广多语种版本的城市轨道交通国家和行业标准，特别是英文、法文、俄文以及阿拉伯文等，改变我国工程建设标准的"封闭性"。

目前大部分标准都没有官方外文版本，一般是每个项目在实施过程中根据需要自行翻译，翻译的准确性无法保证。应尽快编制、完善中国标准官方外文版，为国外同行理解中国标准提供准确、统一的版本。建议建立与国际标准术语一致的统一的术语库，避免产生歧义；优先翻译具有技术框架决定作用的标准；重要标准的编译建议与制修订同步进行。同时，积极研究对有关行业协会、组织、企业等所翻译标准的认定工作，通过权威机构的认可，保护其开展标准翻译工作的积极性。

9.2.4 与国际标准组织建立常态交流合作机制

积极参加国际标准化活动，扩大在世界标准化组织中的影响力，深度参与国际标准的制定。

我国相继成为国际标准化组织（ISO）、国际电工委员会（IEC）常任理事国及国际电信联盟（ITU）理事国。对已加入的国际标准组织，不仅要履行交纳会费的义务，而且应积极利用自己的权利，体现我国的诉求，了解相关技术领域及有关标准化工作的动向。根据国际标准组织的情况和我国所处的地位，制定切实可行的工作发展规划，努力将我国提案转化成国际标准。

积极回应国际标准组织的标准提案，对于标准文本或提案（包括编制说明），组织国内专家进行研究，评估其影响并提出意见，尽可能参与我国关注标准的制修订工作。可根据专业方向，选择国内有关技术机构作为归口负责单位，全面统筹相关工作。

9.2.5 鼓励企业参与国际标准化活动

在市场机制下，企业是技术的持有者，也是标准制定和使用的主体。企业最接近市场，对市场的需求有深度了解，能够通过市场的竞争来发展自身的技术，也是标准国际化的主体。中国城市轨道交通企业要想在国际市场上站稳脚跟，需在项目盈利能力、语言沟通、人才、标准应用及企业国际形象等方面付出努力，且有必要通过学习和应用国外先进标准来竞争国际轨道交通市场。

由于城市轨道交通产业体系链中存在许多不同的企业主体，整个产业体系缺乏统筹协调，中国城市轨道交通企业除需大力提高自身实力外，还需在有关机构或者行业协会的统筹协调下，本着合作、互利、共赢的原则，在标准国际化的过程中组成企业联盟，形成合力，增强国际竞争力，在国际轨道交通工程市场争取更多的市场份额。

为加强标准的海外项目适应性、提高标准的国际化程度，可建立企业标准研究平台，开展课题研究和学术交流，进行中外标准的差异性研究，从而认识差距，了解国外标准的先进技术和经验，提升国内标准水平，完善国内标准体系。协助企业参与国际标准化工作会议，对积极参与国际标准化活动的企业给予表彰和奖励。

对接相关国际行业协会，尤其是"一带一路"沿线国家及相关国家的行业组织，建立沟通交流机制。鼓励科研院所专家到"一带一路"沿线国家讲学和交流，广泛参与国际标准化机构、跨国联盟的标准化活动，以便沿线国家了解中国标准。同时，邀请"一带一路"沿线国家技术人员进行交流访问，标准化院校扩大招收"一带一路"沿线国家的国际学生，并欢迎国外标准化机构和学者参与我国标准的制定、研究和教育等标准化活动，使中国标准的国际性得到更大程度体现。

9.2.6　推进标准对接与互认机制

从技术和标准化角度看，标准国际化过程就是一个协商认可的过程。可建立沟通联络工作机制，通过双方标准层面深入研究、沟通，评价、评估具体标准的差异性，达成一致或者相互认可的方案，也可通过共同研制标准分别发布的形式或采用国际标准，以便在未来推进标准互认。例如，对于已具备自身标准体系的国家或地区，探索研究中国标准与东道主国家现行标准的对接与互认机制，提出互认条件、工作方法、评价机制和预期成果；对于自身标准体系不完备的国家或地区，通过项目合作和标准应用示范，在东道主国家认可的基础上，协助东道主国家构建属地化的标准体系；在标准互认和属地化研究的基础上，探索、研究"一带一路"沿线城市轨道交通联盟技术标准体系行动方案。

在发达国家主导并完成了工业产品市场、建筑工程标准布局的国际环境下，政府如对融资、税收等资金方面配套给予一定的政策性优惠，我国标准在国际市场上或将具有一定的竞争力。国际金融组织，如世界银行、非洲发展银行等，在其与资金使用国的资金借贷协议中，往往对技术标准有强制性要求，且一般都要求使用欧美标准。再如，日本资本在走出去的过程中，强制要求使用日本资金的项目必须采用日本标准。借鉴国际机构和其他国家的通行做法，负责我国海外基础设施贷款的金融机构，尤其是政策性金融机构，可在合同范本中列入强制或鼓励优先采用中国技术标准的规定，并在贷款项目中予以采用。鼓励我国投资企业或工程承包企业在合同谈判中优先采用中国技术标准，对采用中国标准的企业给予一定的利率和税收优惠。

城市轨道交通是一个系统工程，标准也是由多层次和多专业构成，一般可分为土建、车辆、机电以及通信、信号等几大类。土建标准在国外非常成熟，且基本是通用标准，城市轨道交通与公路、铁路的土建标准基本相同。而在车辆和机电标准方面，如新型车辆标准、数字化支付系统标准、无人驾驶标准，以及节能型空调设备标准等，我国的这些标准已达到国际领先水平，某些标准在国际上还是空白。可对这些标准进行梳理、集成，将其作为国际化的方向，利用比较优势，使其成为国际标准引领者，助推标准国际化。

9.2.7 结合精品项目提升宣传效果

我国工程建设领域技术水平已经走向世界前列，以国内成熟稳定的城市轨道交通运营线路为载体，加强国际行业协会、有关职能部门的交流与互访，使国际友人充分感知我国城市轨道交通的现况。整理按照我国标准建成的国内精品项目，形成科研成果，且在进行成果研究时邀请国外机构或人员参与相关研究、测试和试验等，并进行成果发布和宣传，如举办中国工程建设标准主题活动，展示优秀企业的国际标准成果，助力我国城市轨道交通的品质宣传，从而增强我国城市轨道交通工程建设技术和运营管理技术的国际认可度和信赖感，助推城市轨道交通标准的国际化。

案例篇

10 案例一 越南河内城市轨道交通吉灵—河东线

10.1 建设管理体制、制度

目前越南在建的城市轨道交通项目共有三条线路，是分别由中国、法国、日本三个国家按照各自的标准、管理方法进行援建的项目。由中国承建的线路是越南首都河内城市轨道交通2A线，即吉灵—河东线轻轨项目。以本项目为主，结合法国、日本援建的两个项目，分析越南城市轨道交通工程建设管理体制、制度。

10.1.1 河内城市轨道交通吉灵—河东线轻轨工程

本项目于2009年由越南铁路局与中铁六局集团有限公司签订总承包（EPC）合同，资金来源为中国进出口银行提供的中方优惠贷款。在实施过程中，越方组建了由越南铁路局领导下的铁路项目管理委员会，作为管理单位行使业主权利。本项目全面采用中国标准、规范进行设计、施工，因此越方聘请北京铁研建设监理有限责任公司作为工程监理单位，并搭建起业主、总包商、监理三方组织架构。

本项目设计分两个阶段，即技术设计和施工设计。按照越南法律规定，越方聘请了越南交通部下属的交通运输设计咨询总公司（TEDI）对技术设计进行审查，由监理单位负责对施工设计图纸进行审查。

在2014年前，河内城市轨道交通吉灵—河东线组织架构如图10-1所示。

项目运行至2014年8月间，越南对交通部进行了组织机构调整，将交通部下属各局管理的大型官方发展援助项目均收归交通部直管。负责河内城市轨道交通吉灵—河东线的铁路项目管理委员会，也交由交通部分管各事业单位的副部长进行直接领导。总承包（EPC）合同随后进行了调整，业主单位由越南铁路局替换成越南交通部，从此本项目改由越南交通部直接领导（图10-2）。

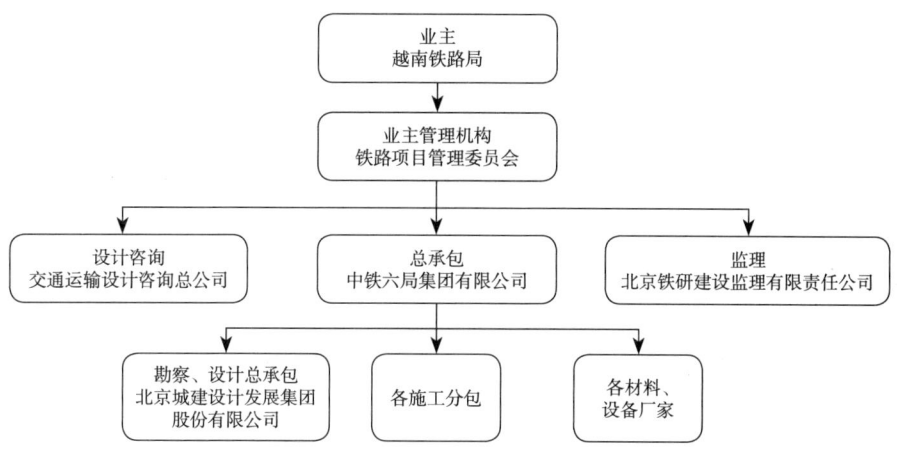

图 10-1 2014 年前河内城市轨道交通吉灵—河东线组织架构

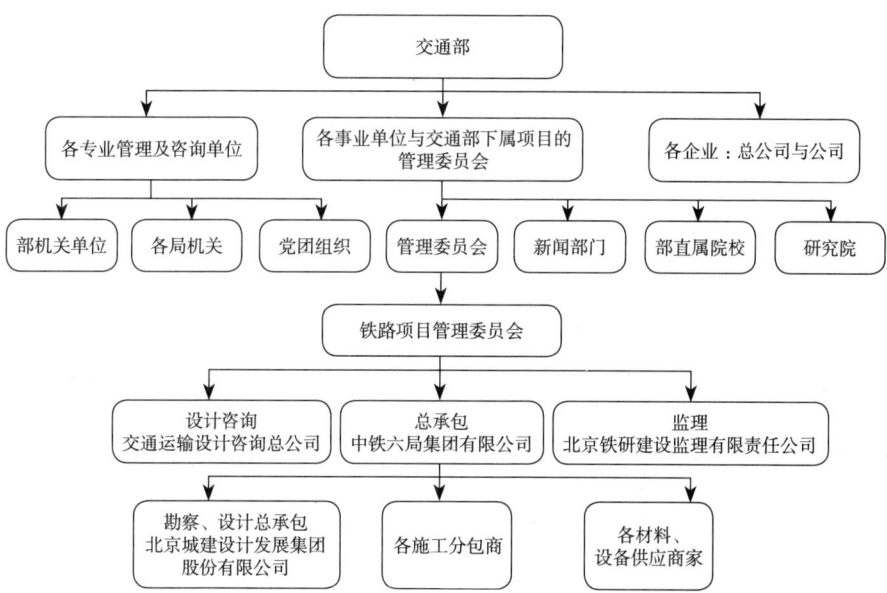

图 10-2 2014 年后河内城市轨道交通吉灵—河东线组织架构

本项目作为总承包（EPC）工程，原则上是采用全套的中国规范、标准、工艺、管理方法进行建设，但项目具体实施过程中关于管理流程的细节未在合同中明确，这造成在实际操作过程中越方业主对项目介入过多，对项目实施的每个细节都要进行管控，总包商对项目主导和管理作用虚化，项目推进非常艰难。

10.1.2 河内城市轨道交通3号线：若恩—河内火车站线工程

该项目为法国政府牵头组织的对越技术援助项目（PPTA），也被越南作为城市轨道交通的试验性工程引进。该项目建设单位是河内市人民委员会（河内市政府），具体执行部门是河内市政府组建的河内市城市铁路管理委员会

（MRB），该部门受河内市人民委员会直接领导，骨干力量主要是从交通部铁路项目管理委员会抽调而来。

项目投资由亚洲开发银行（ADB）、法国开发署（AFD）、欧洲投资银行（BEI）和越南政府共同提供。总投资预估为12亿美元，在2016年又增加约4亿欧元投资。

建设咨询单位为阿尔斯通集团和Colas Rail集团，设计单位为法国Systra工程咨询公司，土建施工承包商由韩国DEALIM实业有限公司、浦项E&C有限公司、现代E&C GHELLA有限公司、河内建筑公司（HANCORP）、越南建设股份二公司（VINCONEX 2）组成。轨道、车辆及设备系统由法国的阿尔斯通集团、Colas Rail、Apave、Certifer、Bureau Veritas等公司提供（图10-3）。

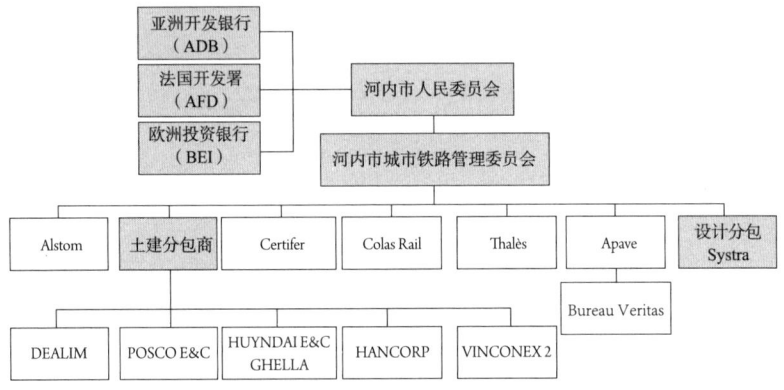

图10-3　河内城市轨道交通3号线组织结构

该项目采用的是平行发包（DBB）模式，法国主要提供技术和资金支持，回避了管理方面的难题。该方式的主要问题是各承包商分别签约、分段承包，而业主技术能力弱，造成项目系统管理、统筹协调难度较大，进度和质量不易把控。

根据河内市人民委员会2009年4月27日第1970号令，该项目于2010年9月25日正式动工。截至目前，该项目仍在进行高架桥梁的土建施工。

10.1.3 胡志明市城市轨道交通1号线：滨城—仙泉线工程

胡志明市人民委员会（胡志明市政府）在2007年与日本国际协力机构（Japan International Cooperation Agency，JICA）达成协议，由JICA提供日本政府开发援助贷款，援建胡志明市地铁1号线工程。建设资金主要来自JICA提供的政府开发援助（ODA）贷款，胡志明市人民委员会也为该项目提供了17%的建设资金。

2007年9月13日，胡志明市人民委员会下达第119/QĐ-UBND号令，成立了胡志明市城市铁路管理委员会作为胡志明市轨道交通建设的管理机构，该机构直属于胡志明市人民委员会。2008年5月，胡志明市城市铁路管理委员会代表胡志明市人民委员会与日本三井住友建设公司和越南交通工程建设六公司（Cienco6）签署了该项目的总承包（EPC）合同。

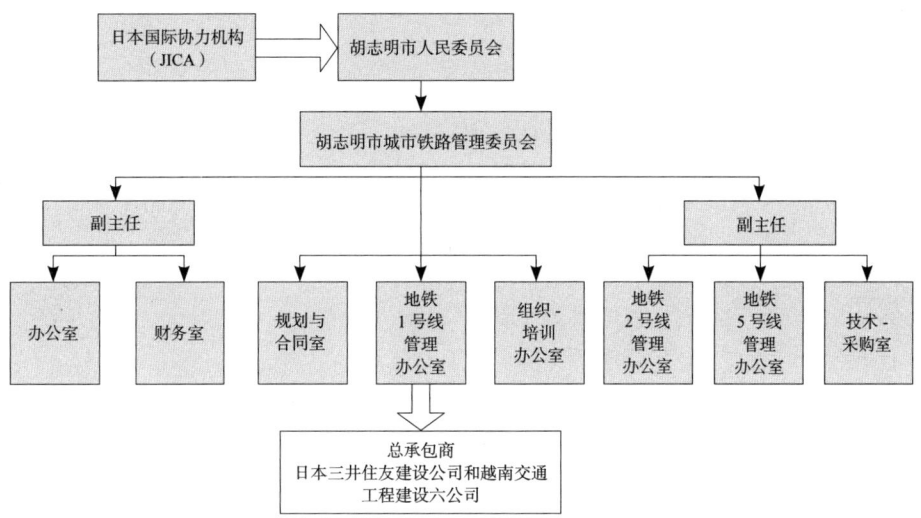

图 10-4 胡志明市城市轨道交通 1 号线滨城—仙泉线工程组织结构

JICA是日本对外实施ODA的主要执行机构之一，隶属于日本外务省，在全球开展业务多年，因而在投资建设方面具有丰富的经验。胡志明市地铁1号线工程采用了日本企业和越南企业联合承包的方式，优点为技术与人力互补、资本与人脉结合，缺点是难以协调管理，如何取长避短发挥两家企业的优势是个很大的难题。

此外，日本EPC项目总承包商在工程开展前，根据当地具体情况，专门编制了一套"技术指引"。该文件对设计阶段、设计内容及深度、设计审查办法、预算编制办法、施工组织、分包商招标办法、设备采购办法、结算验收办法、监理办法等工程建设的全过程进行规划和规定。在将"技术指引"上报业主、得到各方批准生效后，整个工程即在该文件指导下有序展开，最大限度地避免了建设过程中的争执和混乱。此种做法也被JICA作为工程样板在越南进行了推广，受到越南交通部的认可和采纳。

胡志明市地铁1号线于2012年8月28日正式动工，预计将于2021年通车。

10.2 越南城市轨道交通标准化现状

越南当地现存中、日、法三国标准，尚未形成完整的城市轨道交通工程建设标准体系。目前，越南关于城市轨道交通的标准，仅制定了部分运营和管理方面的文件。越南在法律层面把城市轨道交通纳入铁路的范畴来考虑，而对于城市轨道交通的工程建设，则是用已有的铁路和建筑工程标准来规范。

表10-1所示为在河内市轨道交通工程建设中，总承包商和设计单位需要遵守或参考的越南法律、国家指导性文件、标准规范。如表所示，越南基本上没有为城市轨道交通建设专门制定标准。

越南相关法律、文件、规范　　　　　　　　　表10-1

序号	类型	编号	发布日期	名称
要求城市轨道交通工程建设执行遵守的越南国家文件				
1	法律	09/2005/L/CTN	2005-06-27	铁路法
2		35/2005/QH11	2005-06-14	铁路运营法
3		50/2014/QH13	2014-06-18	建设法
4	国家指导文件	05/2011/TT-BGTVT	2011-02-22	指导城市铁路、专用铁路和国家铁路的连接
5		37/2014/TT-BGTVT	2014-03-09	关于城市轨道交通安全工程和保护范围的规定
6		05/2015/TT-BGTVT	2015-03-30	为城市轨道交通服务的职工标准的规定
7		31/2015/TT-BGTVT	2015-07-17	城市铁路及船舶许可证审查内容和程序规定
8		77/2015/TT-BGTVT	2015-12-07	关于城市轨道交通乘客和行李的规定
9		74/2015/TT-BGTVT	2015-11-24	关于处理城市轨道交通事故和交通事故的规定
10		16/2016/TT-BGTVT	2016-06-30	轨道交通系统安全评估与认证管理规定
11		46/2015/NĐ-CP	2015-05-12	建筑工程质量管理和维护规定
12		59/2015/NĐ-CP	2015-06-18	建设项目投资管理规定
13	标准规范	TCVN4453-1995	2016-07-23	混凝土结构和钢筋混凝土结构施工验收规范
14		TCVN9361:2012	2016-07-23	基础工程施工和验收规范
15		TCVN9376:2012	2016-07-23	大型房屋建筑装配工程施工和验收规范
16		TCVN9377-1:2012	2016-07-23	建设中完成工作的施工验收规范　第1部分：建筑工程
17		TCVN9377-2:2012	2016-07-23	建设中完成工作的施工验收规范　第2部分：建筑施工

要求城市轨道交通工程建设执行遵守的越南国家文件				
序号	类型	编号	发布日期	名称
18	标准规范	TCVN9377-3: 2012	2016-07-23	建设中完成工作的施工验收规范 第3部分：建筑施工
19		TCVN5687: 2010	2010	通风、空调、供暖设计标准
20		QCVN06: 2010/BXD	2010	房屋与建筑物消防安全的越南国家技术规范
21		QCVN24: 2009/btnmt	2009	对工业废水的国家技术规范
22		TCVN5739: 2001	2001	消防设备接头国家标准
23		TCVN6379: 1998	1998	消火设备 消火龙头 技术要求
24		TCVN7210: 2002	2002	公共场所和居民区对道路交通工具振动与碰撞允许范围的国家标准
25		TCVN7211: 2002	2002	由道路交通工具产生振动与碰撞的测量方法国家标准
26		TCVN5949: 1998	1998	公共区和居民区最大允许噪声级别标准
27		47/1999/QĐ-BXD	1999-12-21	家庭和工程中的供水系统标准

目前，越南仅有河内市、胡志明市通过了城市轨道交通建设规划，且国内的技术、资金不足，因而越南政府对于城市轨道交通的建设资金主要来源于国外的援助贷款或采用PPP模式。项目总承包商则按照自己熟悉的标准进行工程建设，造成当前在建的三个越南城市轨道交通项目分别采用中国、法国、日本三套标准的现状。

10.3 城市轨道交通标准在越南的应用情况

在建的河内城市轨道交通吉灵—河东线工程，在EPC合同中规定在实施工程勘察、设计、施工之前，承包商应负责编制适用于本项目的各技术标准清单，准备各有关资料以保证满足批准要求，供业主报主管部门批准。

本项目基本采用全套中国标准进行设计、施工、产品采购，按合同规定翻译上报了大量使用到的中国标准，并得到业主批准而在项目中采用。同时，在项目实施过程中，对于部分当地分包的工作内容采用了越南当地设计规范。

在项目签订合同之后，即向越南交通部上报了95册中国规范，涵盖了勘察、测量、试验、设计、施工验收等各方面。此后每年都会将项目需要的中国标准上报越南交通部批准。

北京城建设计发展集团股份有限公司及其旗下的北京城建勘测设计研究院有限责任公司翻译了大量的中国勘察、设计标准，并且按照总承包商的指示，对越方完全开放，引导越南设计院审查单位对中国规范进行学习和理解。特别是北京城建勘测设计研究院有限责任公司不仅引导当地的勘察、测量、软基处理分包商学习中国标准，教导他们采用中国的设计方法，并且将真空预压软基处理、PCC桩软基处理等一系列国内先进的工程技术和设计施工标准完整地引入了越南建设市场。

10.4 城市轨道交通标准在越南应用存在的困难和问题

日本、欧美等一些国家利用前期规划介入等方式，提前把本国的相关标准、发展理念嵌入相关方案，并在过程中积累了大量政府资源和当地人脉，在后期项目招标中取得巨大优势。其中，比较有代表性的是JICA，JICA主要为发展中国家培养人才，建立与完善政策、制度，提供援助及实施国际合作，具有强大的政府和财团背景，在全球范围内设立了100多个事务所。

近几年，JICA在东南亚、西亚、非洲等"一带一路"沿线国家作了大量的前期研究，包括城市总体规划、公路、铁路、轨道交通、城市道路、工业园区、能源等领域的规划、项目建议书、可行性研究等，且多数都是援助性质。JICA通过较小代价投入前期规划研究项目，在城市规划、交通规划中灌输日本的相关标准、发展理念，并在后期规划逐步实现的过程中，通过前期积累提前介入各种项目，为日本国内承包商、银行、设备商、贸易商等提供了有力的资源支持和人脉牵线，从战略上占据了项目市场的主导权。通过前期战略性投入，单是在基础设施建设方面便获得了非常明显的效果。

越南目前还没有自己的城市轨道交通标准体系，处于引进国外的规范和标准来创建自己的标准体系的过程中，所以在越南采用中国城市轨道交通工程建设标准存在良好的基础。建议我国对外承包工程行业成立专门的前期研究机构，在对"一带一路"沿线国家的城市规划、交通规划、发展战略规划中，进行中国标准的国际化。同时，中国标准的官方英文版翻译工作，中国标准与同行业欧美标准的对标工作也建议同步开展。

10.5 越南有关的政策文件

越南国内目前只有河内市与胡志明市有城市轨道交通的建设规划，关于城市轨道交通的政策文件出台不多。有关法规、标准规范如表10-1所示，此外，其他主要相关文件如下。

（1）2016年3月31日颁布的《河内首都至2030年（展望2050年）交通运输规划》（编号：519/QĐ-TTg）。

（2）2007年1月22日颁布的《2020年（展望2020年后）胡志明市交通运输发展规划》（编号：101/QĐ-TTg）。

（3）2015年6月18日颁布的政府关于建设投资项目管理的第59/2015/ND-CP号法令。

10.6 重点工程典型事件分析

10.6.1 技术创新

在本项目中，部分专业、系统应用了先进技术，并进行了创新。

项目信号系统采用了CBTC加点式ATP和ATO系统信号制式，为越南引进了当前轨道交通系统中最先进、最小间隔的列车运行安全控制技术——移动闭塞。该系统适用于列车追踪间隔短、行车密度高、RAMS要求高的大运量轨道交通项目，具有两级后备模式，系统的可用性、可靠性较其他系统大为提高。对于客流不断增长、运输要求不断提高的城市现代发展需求，该系统是当前信号系统中最好的解决方案。

项目的高架车站，在2010年采用了首次提出的新颖的独柱结构型式。该车站结构型式节省了城市用地，施工影响小且空间利用高效，并且通过结构设计有效解决了抗震等问题，是城市轨道交通系统中的创新。

项目车辆段的地质条件较差，场段下方地质为大面积深厚淤泥。为此，在2010年，设计单位引进了真空预压排水的新技术对车辆段进行软基处理，很好地解决了深厚软土地基大面积场段建设问题。这也为越南引入了大面积深厚软基处理的先进处理方案，并从此在越南国内进行推广，为越南现代化建设作出了贡献。

10.6.2 标准选择

在河内城市轨道交通吉灵—河东线工程建设过程中，有关标准应用的差异事件很多，最典型的是自动售检票（AFC）系统专业票卡标准的选择。

2013年，日本向越南交通部推荐在越南所有轨道交通工程的AFC系统采用日本工业标准的Felica卡，越南交通部要求中方变更原有的AFC设计方案，改为采用日本的Felica卡标准。票卡的选型在各城市轨道交通和公共交通领域都是一个关键性内容，涉及工程的投资、服务质量、运营成本和将来的扩展。

Felica卡是日本索尼公司推出的非接触式智能卡，拥有技术专利限制，其芯片供货厂家只有日本索尼公司一家，卡供货商也不过2家。若将AFC系统设计方案改为Felica卡，不仅中国的产品出口会受到挤压，后续的技术服务、工程实施、产品成本都会受制于日本，成本会居高不下，对将来的运营也非常不利。

在意识到问题的严重性后，中方对越南交通部的要求进行坚决抵制，并多次开会沟通向越方解释情况。最后在中国驻越南大使馆的帮助下，解决了该问题，河内城市轨道交通吉灵—河东线工程AFC系统最终采用中方设计的TYPEA型卡，符合ISO/IEC 14443-TYPEA标准。

10.7 采用中国标准与越南标准的比较分析

在河内城市轨道交通吉灵—河东线建设过程中，除采用上报批准的中国标准外，还有越南业主单位要求采用的越南本地标准。在越方业主看来，中国标准确实能够确保工程质量，但是对参数选择、指标用量都标定过高，属于过于保守。通过对比相关中国标准和越南本地标准，发现越南标准要求普遍较低，在保证工程质量特别是结构工程的安全性方面可能存在一定隐患。

11 案例二　哈萨克斯坦首都阿斯塔纳
轻轨项目

11.1 建设管理体制、制度

国有民营模式、公私合营模式、国有国营模式是目前国际城市轨道交通建设中常用的模式。哈萨克斯坦国内已运营的阿拉木图地铁和在建的阿斯塔纳轻轨属于国有国营模式。

哈萨克斯坦城市轨道交通工程建设周期包括项目启动、规划、设计、采购、施工、运营等阶段。主要根据EPC合同进行项目管理，EPC合同条件的基本出发点是业主参与工程管理工作很少，重点进行竣工验收。但是，若委派业主代表则不同。在有些工程中，业主委派某个工程项目管理公司作为其代表，对建设工程从设计、采购到施工等进行全面的严格管理。例如，对于在建的阿斯塔纳轻轨项目，业主阿斯塔纳轻轨公司委托的业主代表是阿斯塔纳轻轨建设管理公司，业主代表对轨道工程项目的进度、质量、文明施工、工程验收等方面进行管理。

11.1.1 进度管理

以实现项目合同约定的竣工日期为最终目标，其主要管理方法是进度计划编制、进度计划实施、进度计划检查和调整。

11.1.2 质量安全管理

质量安全管理主要包括设计质量和施工质量。最终的质量要求依据合同约定所执行的标准和规范，对施工总体工程和分部、分项工程施工图纸进行审核，保障安全设备、设施设计符合国家安全相关规范。对于设计质量管理，业主采用第三方图纸审查机构对总承包图纸进行审查，如没有质量问题，出具审查报告，对应的单位可进行施工作业。对于施工质量管理，业主采用工程监理模式对施工作业进行全面检查,并出具施工质量验收合格报告。

在施工过程管理及最终验收中,除技术监理外,还需要有设计监理对过程质量进行检查及验收。设计监理的职责是采取措施保障项目中应用的建筑、风格、工艺、施工、工程和其他技术方案符合项目设计预算文件中规定的指标。设计监理工作服务于整个工期,从施工开始到项目完工交接、投入使用。设计监理可监督施工过程,确保最后的竣工结果与设计方案一致,帮助及时解决发包方(自然人或法人)和施工承包方之间产生的问题。发包方与设计单位签订的设计监理合同是建设项目或改建项目监理工作参考的主要文件。

11.1.3 文明施工管理

对于文明施工管理,与国内相似,制定了"安全第一,预防为主、综合治理"的方针;并制定了文明施工目标、组织施工现场安全监督检查,对监理单位及施工单位安全文明施工职责落实情况进行监督检查和考评工作等。

11.1.4 工程验收管理

(1)组织设计、施工、工程监理等有关单位进行竣工验收。

(2)按照国家有关档案管理的规定,及时收集、整理建设项目各环节的文件资料,向建设行政主管部门或者其他有关部门移交建设项目档案。

(3)将建设工程竣工验收报告和规划、消防、节能、环保、卫生、交警、防雷、人防、绿化等部门出具的认可文件或者准许使用文件报建设行政主管部门备案等。

11.2 哈萨克斯坦城市轨道交通标准化现状

哈萨克斯坦共有六座城市存在过城市轨道交通系统:卡拉干达的有轨电车系统,巴甫洛达尔的有轨电车系统,铁米尔套的有轨电车系统,厄斯克门有轨电车系统,阿拉木图有轨电车系统和地铁,阿斯塔纳在建轻轨。目前有轨电车系统大部分已停运、拆除。

11.2.1 当地标准现状

哈萨克斯坦一定程度上沿袭苏联时期规范,也制定了自己的标准规范和运营规范。城市轨道交通标准规范和运营规范包括《哈萨克斯坦规范汇编》《地铁规范》《地铁安全要求》《建筑和建筑材料安全要求》《消防安全的基本要求》《桥梁和管道》《采暖、通风和空气调节》《热力管线》《支撑和维护结构》《混凝土与钢筋混凝土结构》《自然和人工照明》等轨道交通涉及的各专业规范。根据2014年4月17日出台的《哈萨克斯坦道路运输法》第51章第1款11分项,哈萨克斯坦投资发展部运输委员会发布命令确定了轨道交通的技术运营规范,并按照法律规定的程序,在国家司法部登记注册该命令。该技术规范涵盖地铁技术运营程序,车辆运营程序,地铁联动设备和制动设备维护标准,地铁轮组运营程序,地下基础设施运营秩序,地铁轨道的横纵断面,轨道的上层结构,路基和人造结构的运营秩序,钢轨、道岔、轨道、信号标志,轨道的交叉和连接的运营,技术设备,自动化、远动装置、远距离通信的技术运营,地铁供电设备的技术运营,地铁车站设备技术运营;有轨电车技术运营包括有轨电车基础设施运营、轨道的横纵断面及接触网和电缆技术运营、有轨电车轨道运营。

11.2.2 行业发展趋势

哈萨克斯坦城市轨道交通继续秉承"服务"宗旨,继承和发扬已有工作成果与经验,深入把握规模扩大化、结构网络化、制式多样化、系统智能化、市场国际化等行业发展趋势,围绕政府、企业需求,保障行业健康发展,引领行业"智慧"发展。

11.3 城市轨道交通标准在哈萨克斯坦的应用情况

11.3.1 项目概况

2015年5月,中国中铁股份有限公司旗下中铁国际集团牵头的联合体与哈萨克斯坦阿斯塔纳轻轨公司就阿斯塔纳轻轨一期项目签署EPC框架协议。阿斯塔纳轻轨规划三期工程,一期工程南起城市南郊的国际机场,北至新火车站,是一条连接东北、西南方向的轨道交通骨干线。该工程线路全长22.4km,全线高架,设置18座车站,在起点国际机场北侧设车辆段1座。线路在111车站与112车站间预留了与二期、三期工程衔接的条件,在终点火车站站预留了一期工程向北延伸衔接三期工程的条件。

11.3.2 标准应用情况

哈萨克斯坦的城市轨道交通并不发达,甚至可以说在一定程度上比较落后。除20世纪个别城市建设了有轨电车外(目前绝大部分已经停运,甚至拆除),仅在阿拉木图有一条正在运营的地铁线路,阿斯塔纳有一条在建的轻轨项目。

阿斯塔纳轻轨项目全部采用中国标准,这是中国城市轨道交通标准在哈萨克斯坦的首次应用，也是中亚地区首条全部采用中国标准的城市轨道交通项目。为了推进项目的顺利实施，哈萨克斯坦修改了四部法律。这条轻轨线路将实现全自动无人驾驶，这是世界上最为先进的技术之一。对于经验丰富的中方联合体来说，最困难的不是技术，而是这里的漫漫寒冬，阿斯塔纳的冬天最低温度达到−50℃，在这种严酷的环境下保证质量按期完工并不容易。

11.3.3 中国标准和当地标准对比

有一些涉及工程标准的问题，中国标准与哈萨克斯坦标准存在冲突。例如，哈萨克斯坦当地最高的混凝土强度等级不能满足中国标准要求，按哈萨克斯坦标准调整钢桁架截面尺寸及连接方式也不能满足中国标准要求。根据《建筑与桥梁结构监测技术规范》GB 50982−2014第7.1.2条的规定，单孔跨径大于150m的特大桥需要进行运营期间监测，该条规定不满足哈萨克斯坦标准要求。

11.4 城市轨道交通标准在哈萨克斯坦应用存在的困难和问题

11.4.1 设计输入资料不完善

无当地环境噪声标准及环境噪声现状资料；无详细的客流资料，可行性研究中只有上下行客流，无详细的上下车客流。目前客流计算单侧站台采用上下车客流均分及考虑一定高峰系数来进行计算。哈方无法提供具体雷暴日情况。

11.4.2 标准差异问题

轨道系统从1435mm标轨系统改为1520mm宽轨系统。部分项目设计内容不能完全执行或满足地铁设计规范，如小半径曲线180m。

11.4.3 当地技术条件及习惯做法

哈方业主设备技术人员匮乏，设备系统无法进行技术沟通。装修、外立面方案及主要材料没有最终确认，影响图纸设计。

11.5 案例国家有关政策文件及标准

（1）技术规程《生产用工程项目中对信号颜色、标记和安全标志的要求》，哈萨克斯坦共和国2008年8月29日803号政府令。

（2）技术规程《建筑、房间和设施配备自动灭火和火灾自动报警装置、发生火灾时人员疏散控制警报系统的要求》，哈萨克斯坦共和国2008年8月29日796号政府令。

（3）技术规程《消防安全的基本要求》，哈萨克斯坦共和国2009年1月16日14号政府令。

（4）技术规程《对保护工程的消防技术设备的要求》，哈萨克斯坦共和国2009年1月16日16号政府令。

（5）技术规程《对地铁安全的要求》，哈萨克斯坦共和国政府2009年2月5日109号政府令。

（6）技术规程《电气设备安装规则》，哈萨克斯坦共和国2012年10月24日1355号政府令。

（7）CHPK2.02-02-2012《建筑与设施的消防自动化》。

（8）CHPK2.04-01-2011《自然和人工照明》。

（9）CHPK2.04-02-2011《噪声抑制》。

（10）CHPK2.04-21-2004《民用建筑的电力消耗与热防护》。

（11）CHPK3.03-17-2013《地铁建设规范》。

（12）CHPK3.03-12-2013《桥梁和管道》。

（13）CHPK3.06-01-2011《建筑与设施的行动不便人士通道》。

（14）CHPK4.01-01-2011《建筑与设施的内部供水管和排水设备》。

（15）CHPK4.01-03-2013《给排水的外部网络和设施》。

（16）CHPK4.02-01-2011《采暖、通风和空气调节》。

（17）CHPK4.02-04-2013《热力管线》。

（18）CHPK5.03-07-2013《支撑和围护结构》。

（19）CHPK5.01-02-2013《建筑设施的地基》。

（20）CHиПPK2.02-05-2009《建筑与设施的消防安全》。

（21）CHиПPK2.04-01-2010《建筑气候学》。

（22）CHиПPK2.04-09-2002《民防的防护建筑物》。

（23）CHиПPK3.03-01-2001《轨距为1520mm的铁路》。

（24）CHиПPK3.03-07-2003《铁路和公路隧道》。

（25）CHиПPK4.01-02-2009《供水、外部网络和设施》

（26）CHиПPK5.03-34-2005《混凝土与钢筋混凝土结构》。

（27）CHиП2.01.07-85*《荷载和影响》。

（28）CHиП2.03.01-84*《混凝土和钢筋混凝土结构》。

（29）CHиПIII-44-77《铁路、公路、水利工程的隧道 地铁》。

（30）CПPK2.01-101-2013《建筑结构的防腐蚀》。

（31）СПРК2.02-102-2012《建筑与设施的消防自动化》。

（32）ВСН104-93《用明挖法建造的地铁隧道防水设计与设置须知》。

（33）ВСН126-90《建设运输隧道和地铁时，用喷射混凝土和锚固加固巷道》。

（34）ВСН127-91《建造隧道和地铁时，人工降低地下水水位的设计和施工标准》。

（35）ВСН211-91《预测由于地铁行驶造成的土壤振动水平细则和计算振动保护的施工装置》。

（36）СанПиНРК№3.01.030-97*《住宅和公共建筑以及住宅区域内次声和低频率噪声的最高允许水平》。

（37）СанПиНРК№3.01.035-97《住宅和公共建筑以及住宅区域内噪声的最高允许水平》。

（38）СТРК1719-2007《消防技术设备　消防给水系统设备　防火柜　消防安全的技术要求　试验方法》。

（39）ГОСТ9.602-2005《抗腐蚀和老化的统一防护系统地下设施防腐蚀的一般要求》。

（40）ГОСТ10060.0-95《混凝土　确定耐寒性的方法　一般要求》。

（41）ГОСТ10060.0-95《混凝土　确定试验用样件强度的方法》。

（42）ГОСТ12730.5-84*《混凝土　确定防水性的方法》。

（43）ППБО147-88《地铁内的消防安全规范》。

（44）《消防安全的基本要求》。

（45）CHPK3.03-17-2013《地铁》。

（46）《地铁安全要求》。

（47）《对建筑和设施、建筑材料和制品的安全要求》。

（48）《交通法》。

11.6 重点工程典型事件分析

11.6.1 桥梁监测事件

根据《建筑与桥梁结构监测技术规范》GB 50982-2014第7.1.2条的规定，单孔跨径大于150m的特大桥需要进行运营期间监测，本工程仅依稀姆河拱桥需进行设置运营期间监测。根据哈方《建（构）筑物的自动化监控系统哈萨克斯坦共和国建筑标准与规范》СНиПРК3.02-05-2010中附录1的要求，技术复杂的轻轨项目、跨距大于50m的桥跨结构需配备自动化监控系统。根据该要求，哈方建设管理公司要求全线设置自动监测。

目前国内尚无设置全线自动监测的城市轨道交通高架线路。因本工程标准梁采用的是国内普遍采用的预制小箱梁，工艺成熟，经与亚欧公司（工程总承包方）协商，亚欧公司明确表示：155m跨依稀姆河拱桥采用自动监测，标准梁不做自动监测；大跨连续梁是否设置，需继续与哈方建设管理公司及相关部门沟通。

11.6.2 101车站方案变更事件

根据业主需求，101车站已完成第一版建筑、结构、外立面等专业图纸设计的情况下，哈方提出需要考虑与机场航站楼进行接驳设计。经多次与哈方业主沟通，确定了车站增加换乘厅，由换乘厅连接至机场停车楼的接驳条件。此时车站方案已从两层结构修改为三层结构，相关线路、结构、外立面均需重新开展设计工作。后哈方高层决议否决了哈方建设管理公司提出的机场接驳方案，导致2017年下半年101车站与机场的接驳变更工作全部作废。

11.6.3 112车站天桥与ADP接驳问题

本项目112车站接阿布扎比大厦钢桁架桥，设计时采用中国标准，哈方分包施工单位施工时，未经中方设计单位同意，按哈萨克斯坦标准调整钢桁架截面尺寸及连接方式，其中螺栓间距仅为$2.5d_0$（d_0指螺栓直径），不满足我国规范$3d_0$的要求。经与亚欧公司、哈方建设管理公司及哈方深化单位沟通，由哈方深化单位负责调整后钢桁架的结构安全，中方与哈方深化单位配合，完成后续内装、外装及管线机电的安装。

由此事件可知，先进的并不一定合理，以技术先进代替一切，不注重"因地制宜"，不以最适合当地的"合理性原则"为基本出发点，不利于产业国际化。轨道交通不能完全照搬国内系统，过度以自己的技术、已有的经验和系统去说服用户，不注重本地环境适应性和用户需求挖掘是不能适应海外市场的。"有什么就卖什么"还是"需要什么做什么"的挑战在海外市场无处不在，考验着国内企业国际市场的战略思维。

11.6.4 其他典型事件

（1）减震和降噪标准不同，设计方案不同。102～118车站区间现浇箱梁结构图纸变更、区间声屏障预埋件调整。

（2）防水变更。各方通过对当地防水施工、防水材料种类的调研，本着在满足中国相关标准的前提下，尽量采用本地成熟的防水施工工艺和防水材料。

在质量可控的原则下，拟将原蓝图中采用的 PVC 防水板和单组分聚氨酯防水涂料变更为弹性体改性沥青防水卷材（SBS 改性沥青防水卷材）。

（3）钢筋替换。车辆段桩基在施工设计阶段，均已按 400mm×400mm、500mm×500mm 桩型及中国标准图集进行设计（初步设计已经过中铁二局确认）。2017 年 8 月，亚欧公司及中铁二局拿到物资总库的桩基图后，要求设计按当地做法调整桩型号及配筋，结构按现场需求调整桩型、配筋形式及桩端尺寸，将车辆段全部桩基图按调整后的方案进行了变更。

12 案例三 埃塞俄比亚轻轨一期工程项目

埃塞俄比亚是一个具有3000多年历史的非洲国家，也是非洲唯一没有被殖民统治过的国家，但是，由于受到历史、地理、自然资源等条件限制，经济建设发展较慢。

在19世纪前，由于受战乱、疾病等因素影响，且经济主要以农业和畜牧业为基础，埃塞俄比亚经济总量较小，人均年收入水平排在世界末位。近年来，经济发展稳步提升，人民生活水平不断提高。尤其是现代工业的注入，给该国经济发展带来了生机。例如，水电站的大量建设、公路的修建、制糖厂及皮革厂的建立等，大大提升了该国工业水平。

随着工业的发展，埃塞俄比亚建设标准、规范体系和内容不断丰富。其中，埃塞俄比亚轻轨项目的建设为其城市轨道交通的发展开了先河，该项目全面采用中国标准，为中国标准国际化做出了有益尝试。

12.1 国家情况简介

12.1.1 地理位置

埃塞俄比亚是东非地区的重要国家之一，现代史上，埃塞俄比亚是第一个跻身自由民族之林的非洲国家。其首都亚的斯亚贝巴被称为"非洲政治首都"，是非盟总部和联合国非洲经济委员会总部驻地，世界银行、国际货币基金组织、联合国工法组织、联合国开发计划署等多家国际组织也在此设有办事处。

12.1.2 环境气候

埃塞俄比亚政局较稳定；气候宜人，2～3月份和6～9月份为小雨季和大雨季，国际工程商尤应注意，这两个雨季对工程进度会造成一定影响，因此务必在规划过程中加以考虑；资源较为丰富，但勘探开发十分滞后；古迹众多，因此旅游业发展潜力巨大，但基础设施不发达，这对其各项产业发展带来巨大制约。

12.1.3 基本投资政策

埃塞俄比亚政府允许并大力支持和鼓励外国投资者参与当地基础设施的投资与建设。2012年6月，非盟宣布埃塞俄比亚首都亚的斯亚贝巴是非洲对外国直接投资最富吸引力的城市之一。该市为吸引外资制定了特别优惠政策和战略规划，尤其在道路、电力、公路、能源及电信等方面。

12.1.4 我国在埃塞俄比亚投资状况

我国诸多企业已在埃塞俄比亚开展多项多元化的投资建设项目，并在铁路、公路、通信、电力、房建和水利灌溉等领域承揽了多项工程建设项目，为埃塞俄比亚创建多个"第一"，并得到埃塞俄比亚政府和当地民众的高度关注与认可。当前，埃塞俄比亚巨大的市场需求仍需进一步填补。埃塞俄比亚政府未来计划大力推进基础设施建设，加强其境内及跨国公路铁路网建设、机场建设、港口建设，开发水电、地热、风电和太阳能等新能源项目，增强境内供电水平，并逐步成为区域供电中心，向周边国家售电。

12.2 亚的斯亚贝巴轻轨一期工程概况

12.2.1 城市概况

亚的斯亚贝巴是埃塞俄比亚的首都，同时也是非盟及其前身非洲统一组织的总部所在地，位于海拔2400m的高原之上。亚的斯亚贝巴是一个州级特别市，有80多个不同的民族，说80余种不同的语言；有基督教、伊斯兰教及犹太教社群。现今城市人口在500万左右，并且以每年较高速度增长。

从全球经济环境看，亚的斯亚贝巴处于经济落后区域。一直以来，中国政府以不同形式给予大力支持，援建了很多桥梁、公路等基础设施项目；同时，允许埃塞俄比亚政府开设以中国为中心的亚洲航线，这对一个经济尚不发达的国家起到了促进经济发展的作用。埃塞俄比亚航空公司签署北京泛源国际运输服务有限公司作为货运代理企业，从此中国、埃塞俄比亚之间的货运量与日俱增。

12.2.2 项目概况

亚的斯亚贝巴轻轨一期工程由东西线和南北线组成，属于半封闭式的城市轨道交通系统，采用70%低地板现代有轨电车（DC750V供电制式），敷设方式以地面线为主（70%），部分地段采用高架线路（23%）和地下线路（7%），局部设平交道口（13处），采用信号系统（ATP）进行控制。

该一期工程线路总长约31.025km，其中共轨段长约2.662km。东西线正线全长约16.998km，起点位于TorHailoch医院南门附近，终点位于Ayat；南北线正线全长16.689km，起点位于St. George教堂东侧，终点位于Kality环线附近。东西线在起点附近预留一座停车场，在终点附近设Ayat车辆段；南北线在起点附近预留一座停车场，在终点附近设Kality车辆段。正线最小曲线半径为50m，车辆段最小曲线半径25m，最大坡度采用5.5%。共设车站39座，其中高架站9座，地下站1座，半地下站2座，地面站27座（图12-1）。

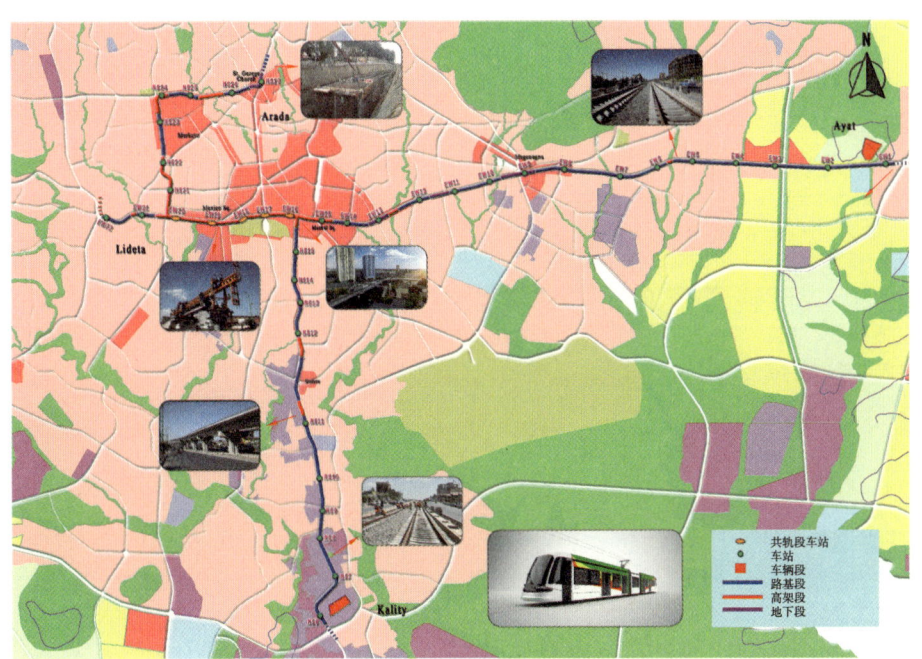

图 12-1　工程总平面

12.2.3 工程主要技术标准

该项目完全采用中国标准进行设计，主要技术指标如表12-1所示。

主要技术标准汇总表　　　　　　　　　　表12-1

项目	单位	指标
线路形式	—	半封闭双线运行
高峰小时运输能力（共轨段）	人/h	15000
最高运行速度	km/h	70

续表

项目	单位	指标
轨距	mm	1435
正线最小曲线半径	m	50
车辆段最小曲线半径	m	25
最小竖曲线半径	m	1000
最大线路坡度	%	5.5
车辆宽度	m	2.65
车辆长度	m	29700
车辆定员	人/辆	254
供电电压	V	750
授电方式	—	架空接触网
钢轨类型	kg/m	50
行车方式	—	驾驶员目视行车

12.3 城市轨道交通工程建设管理体制、制度

12.3.1 建设管理机构

在国家层面，埃塞俄比亚设置了交通部来对包括公路、铁路在内的交通基础设施进行管理。为了具体管理铁路和城市轨道交通建设及运营等工作，还成立了国家铁路公司，即埃塞俄比亚铁路公司，该机构直接代表其国家对城市轨道交通和铁路建设工作进行全面管理。

12.3.2 埃塞俄比亚技术标准基本情况

在埃塞俄比亚已建成的基础设施项目中，各项国际标准和中国标准均得以成功应用。虽然埃塞俄比亚本国的国家标准体系不健全，但是其标准应用更具多元性和融合性，这种开放性的应用现状不仅有利于加快其本国的基础设施推进工作，有效推动城市化规模发展和社会经济发展，还能在与国际接轨的基础上有效结合不同国家在基础设施建设领域的先进技术标准，如已通车的非洲首条电气化铁路亚的斯亚贝巴—吉布提铁路应用了全套中国标准。

埃塞俄比亚的标准化工作启动较晚，目前，除由主管部门编制的手册、指南和规定外，正逐步加强国家标准体系的建设工作，其中最新颁布的埃塞俄比亚建筑规范标准（EBCS）共计25项，如表12-2所示。

埃塞俄比亚建筑规范标准（EBCS）

表12-2

序号	编号	名称
1	EBCS-0	Basis of structural design 结构设计依据
2	EBCS-1 Part 1-1	Actions on structures—Part 1-1: General actions—Densities, self-weight, imposed loads for buildings 结构上的作用 第1-1部分：一般作用 建筑物的密度、自重和施加荷载
3	EBCS-1 Part 1-2	Actions on structures—Part 1-2: General actions—Actions on structures exposed to fire 结构上的作用 第1-2部分：一般作用 火灾暴露下结构上的作用
4	EBCS-1 Part 1-3	Actions on structures—General actions—Part 3: Crane load 结构上的作用 一般作用 第3部分：起重机荷载
5	EBCS-1 Part 1-4	Actions on structures—General actions—Part 4: Wind actions 结构上的作用 一般作用 第4部分：风的作用
6	EBCS-1 Part 1-5	Actions on structures—Part 1-5: General actions—Thermal actions 结构上的作用 第1-5部分：一般作用 热力作用
7	EBCS-1 Part 1-6	Actions on structures—Part 1-6: General actions—Actions during execution 结构上的作用 第1-6部分：一般作用 执行过程中的作用
8	EBCS-1 Part 1-7	Actions on structures—Part 1-7: General actions—Accidental actions 结构上的作用 第1-7部分：一般作用 偶然作用
9	EBCS-2 Part 1-1	Design of concrete structures—Part 1-1: General rules and rules for buildings 混凝土结构设计 第1-1部分：一般规则和建筑规则
10	EBCS-3 Part 1-1	Design of steel structures—Part 1-1: General rules and rules for buildings 钢结构设计 第1-1部分：一般规则和建筑规则
11	EBCS-3 Part 1-3	Design of steel structures—Part 1-3: General rules—Supplementary nudes for cold-formed members and sheeting 钢结构设计 第1-3部分：一般规则 冷弯型钢构件和薄片材
12	EBCS-4 Part 1-1	Design of composite steel and conarete structures—Part 1-1: General rules and rules for buildings 复合钢结构设计 第1-1部分：一般规则和建筑物规则
13	EBCS-5 Part 1-1	Design of timber stuctures—Part 1-1: General common rules and rules for buildings 木结构设计 第1-1部分：一般通用规则和建筑物规则
14	EBCS-5 Part 1-2	Design of timber structure—Part 1-2: General-structural fire design 木结构设计 第1-2部分：一般结构防火设计
15	EBCS-6 Part 1-1	Design of masonry structures—Part 1-1: Common rules for reinforced and unreinforced masonry structures 砌体结构设计 第1-1部分：配筋砌体结构和非配筋砌体结构通用规则

续表

序号	编号	名称
16	EBCS-6 Part 1-2	Design of masonry structures—Part 1-2: General rules structural fire design 砌体结构设计　第1-2部分：结构防火设计总则
17	EBCS-7 Part 1-2	Geotechnical design—Part 1-2: Ground investigation and testing 岩土设计　第1-2部分：岩土勘测和测试
18	EBCS-7 Part 1-1	Geotechnical design—Part 1-1: General rules 岩土设计　第1-1部分：一般规则
19	EBCS-8 Part 1	Design of structures for earthquake resistance—Part 1: General rules, seismic actions and rules for buildings 结构防地震设计　第1部分：一般规则、地震作用与建筑物规则
20	EBCS-9	Plumbing services of buildings 建筑物管道服务
21	EBCS-10	Electrical installation of buildings 建筑物电气装置
22	EBCS-11	Mechanical ventilation and air-conditioning in buildings 建筑物机械通风和空调
23	EBCS-12	Building spatial design 建筑物空间设计
24	EBCS-13	Fire precautions during building construction design, works, and use 建筑物施工设计、工程和使用期间的防火注意事项
25	EBCS-14	Occupational health and safety 职业健康与安全

此外，搜集了埃塞俄比亚首都亚的斯亚贝巴市政局发布的各项管理规定，共计五项，如表12-3所示。

亚的斯亚贝巴市政管理规定　　　　　　　　　表12-3

序号	名称
1	Report on Building Height Regulation Updating Study For Addis Ababa 亚的斯亚贝巴建筑高度规定更新研究报告
2	Proclamation No.624, 2009 2009 年第624号公告 主要内容包括建筑施工或改建或用途变更的最低国家标准规定
3	Regulation No.243, 2011 2011 年第243号条例 内容包括建筑设计和施工流程的相关手续
4	Directives for the registration of design professionals and consultants 专业设计人员和咨询人员注册指令 适用于建筑设计和咨询从业人员

续表

序号	名称
5	Directives for the registration of construction professionals and contractors 专业建筑人员和承包商注册指令 适用于建筑行业的从业人员及承包商

12.4 城市轨道交通标准化现状及未来发展趋势

在埃塞俄比亚首都亚的斯亚贝巴轻轨一期工程建设前，该国没有城市轨道交通工程。因此，可以说目前该国的城市轨道交通工程建设标准化还处于初级阶段，还有待于今后不断发展。

当前，第一条轻轨工程（亚的斯亚贝巴轻轨一期工程）在2012年1月至2015年1月期间建成，并于2015年11月全面进入商业运营阶段。该项目全面采用中国标准进行建设和运营。

基于埃塞俄比亚国情，该国并没有类似中国的地铁、轻轨设计规范体系，也没有相关设备认证体系。随着埃塞俄比亚轻轨、地铁等建设项目越来越多，不排除该国组织人力物力参考相关国际规范（含中国全套规范）研究出一套自己的规范体系的可能性。

12.5 城市轨道交通标准在该国应用情况

12.5.1 应用情况

2009年9月，中国中铁股份有限公司与埃塞俄比亚铁路公司签订EPC合同，承建亚的斯亚贝巴轻轨一期工程。合同规定：亚的斯亚贝巴轻轨一期工程完全采用中国标准进行建设，包括土建工程、设备采购、安装工程等。

2015年该项目建成后，由于埃塞俄比亚没有运营管理经验，通过国际招标确定了由中国企业进行运营管理工作。运营管理工作完全按照中国城市轨道交通的管理模式和经验进行。可以说，埃塞俄比亚轻轨一期工程的建设、验收、运营和维护均全面采用了中国标准。

12.5.2 存在的困难和问题

由于埃塞俄比亚的经济发展还处在初级阶段，无论是管理、技术，还是人员配置和整体规划，均未完全走上正轨。因此，现阶段其工程建设标准尤其是城市轨道交通工程建设标准的发展和应用还存在一些困难和问题，主要包括下列方面。

（1）管理体系不健全

国家管理机构不完善，缺少部分工程建设管理部门，尚没有专门的机构统筹管理工程建设标准，尤其是对城市轨道交通工程建设标准的管理，完全为空白。管理体系不健全导致对相关标准的应用存在很多问题。

（2）经济基础薄弱

由于该国经济处于发展初期，经济总量很小，年人均GDP约为800美元。而城市轨道交通的建设是以经济发展到一定阶段为前提的。当前在其首都建设的首条轻轨工程是以国家之力建设的，但今后的发展、建设必须以经济繁荣为前提。当前薄弱的经济基础无法承担更多的类似工程建设，更没有办法维持长久的运营管理任务。

（3）技术人才缺乏

由于该国大型工程不多，大学中也十分缺乏相应的学科、教师队伍等，其工程技术人员十分缺乏，给工程建设带来很大困难。例如，在城市轨道交通建设过程中，几乎无法在当地招聘到工程技术人员，尤其是满足城市轨道交通建设的人才。当地的工程公司也非常少，绝大部分都是从事民用建筑方面的设计、施工工作。

近年来，该国也不断派出留学生到国外学习铁路建设技术，并成立铁道学院作为继承和发展国内铁路行业的机构，不断培养相关技术人员。未来，技术人才缺乏的情况应该会逐步得到缓解。

（4）我国标准对其适用性问题

中国经过了四十多年的改革开放，经济发展非常迅猛，经济基础大幅度提升，工程建设标准也相应提高。例如，土建工程采用的钢筋标准、混凝土保护层要求都较埃塞俄比亚要高。设备系统同样存在类似问题，如中国的电扶梯是作为特种设备在验收阶段由专门机构进行验收，在运营期间指定专门的维修保养机构，而在埃塞俄比亚并没有相应的政府机构进行管理，在后期运营中存在一定的事故隐患。

13 案例四 莫斯科地铁项目

13.1 建设管理体制、制度

莫斯科轨道项目首先是由莫斯科交通部对轨道交通项目提出构想，再由莫斯科工程院做可行性研究，最终是否实施由分管城市建设的副市长决定。

根据联邦相关法律进行招标，由莫斯科工程院负责招标。投资费用现在一般由当地市政府建设基金和私人投资组成。对于扩初设计阶段招标，投标文件均为表格形式，不作具体的方案图纸，投标文件一般由17个附件组成。其中，第一部分包括投标方的资质、业绩、人员构架，第二部分包括工程说明、勘测报告、造价预算。

相关单位中标后开始设计工作，扩初设计阶段包括建筑、结构、施工组织、系统图纸、相关技术文件及对应的清单量和预算文件。项目执行内容按照俄联邦87号法令相关内容执行，建筑相关文件包含OPR文件、AGR文件、AR文件。其中，OPR文件（功能房间布置平面图）根据项目相关法令和规范设计，设计完成后经由地铁建设公司（DSM）审核，之后再由莫斯科工程院审核。AGR文件（建筑装修方案、地上构筑物方案）先由莫斯科建筑委员会审核方案，装修价格需要莫斯科城建部审核。AR文件（装修材料清单、无障碍措施、照明、技术性说明书）相关内容：方案需要经莫斯科工程院审核，审核通过后要报审地铁建设公司（DSM），之后再由莫斯科工程院报审。同时，国家环保部审核地铁导向和家具方案，消防公司会对设计提出相关意见。所有部门同意后报审莫斯科鉴定委员会，鉴定委员会审批通过后开始施工图设计阶段。

施工图设计阶段可由莫斯科工程院直接进行招标，或者直接委托。施工图设计阶段不需要再经过相关政府部门审核图纸，此阶段要求各专业工程师之间互相提资、相互协调。最后由莫斯科工程院负责签字确认完工。地铁日常运营维护由设计监管部门来负责，地铁部门补贴运营资金。

13.2 俄罗斯城市轨道交通标准化现状

《俄罗斯联邦技术法规法》规定，俄罗斯的标准化制度完全采取自愿性标准，但不得与技术法规相抵触（佚名，2015）。《俄罗斯联邦技术法规法》的通过使俄罗斯标准努力趋近国际标准，特别是WTO标准，是由强制性标准向自愿性标准体系过渡，实现与国际惯例接轨所迈出的重要一步，特别是在标准化制度方面，完全采用自愿性标准。

13.3 莫斯科城市轨道交通发展现状及未来规划

莫斯科制定了2025年地铁远景发展规划，预计到2025年将增加10条线路、83个车站，新增线路总长度达到250km（图13-1）。俄罗斯新建地铁由于经济受限，发展迟于远景规划。

图13-1 莫斯科城市轨道交通2025年线网规划

近期新建地铁项目继续延续莫斯科原来的运营管理模式，但是新建的车站、线路开始采用浅埋式，地铁系统也在逐步集成化。

由于经济关系，地铁、有轨电车项目也逐步在寻求多方合作经营模式，如国内的 PPP 模式。城市轨道交通及其他基建设施的融资模式已经在俄罗斯得到逐步推广。

联邦地铁站面积（约 1.3 万 m²）及体积较大，埋深太深，施工造价高，日常运营成本也相当高。当地施工单位机械、管理制度固化，各部门协调效率较低。为了减少相关方面的开支，同时更新管理模式，政府已开始引进新的技术及技术团队，包括设计、施工方面。例如，本项目莫斯科西南环线三站三区间的初步探求。同时，还有西班牙等一些欧洲的设计公司也活跃在俄罗斯。

莫斯科新开通的地铁及地上城市轨道交通线路，从车站、机车、相关系统集成均有新的尝试。其中，以 14 号线大环线为例，整个线路的运营、服务理念较为先进，在一定程度上高于中国新建的线路。

当地政府对 TOD 模式带动周边开发及经济活力较为关注，政府机构通过地上交通（如地上 14 号大环线）和地下交通（如西南环线）对一些位置较好的地铁站均进行了相关方面的研究。北京城建设计发展集团（UCD）也参与到了西南环线米秋林站、捷站、姆站三个站的周边开发项目设计工作中，但是由于当地政府对地铁安全方面的考虑，无法像中国、日本、欧洲那样将车站主体同开发主体进行全方位、便捷性较强的结合，目前只是结合地面出入口周边区域进行开发整合。但是随着地铁建设的改革，此类开发将更加全面和深入。

13.4 城市轨道交通标准应用情况

近年来，中国海外工程承包业务蓬勃发展，随着"一带一路"倡议的推进，中国城市轨道交通工程也加快了向外延伸的脚步。本项目所在的俄罗斯首都莫斯科，早在 1932 年便修建了举世闻名的莫斯科地铁线路。中国的地下隧道工程标准及规范很多内容参照苏联的编写，双方在理论基础上相似。但是，城市轨道交通土建结构工程标准在莫斯科地区目前还没有应用，主要是由于两国规范中关于结构计算的各项参数取值不同，主要工程材料的力学性能不同，采用的计算模型也有差别。与此同时，莫斯科地铁的运营部门、运营模式及人员构成数量与中国地铁也存在较大差异，在设计上很难引入中国的设计标准，且本次莫斯科地铁项目中仅承担了西南线中一个标段的设计，只有建筑、结构两个专业参与设计。由于只是这条线上的一部分，从线路、建筑形式到设备系统都要与这条线保持一致才能有效连接，故俄方在合同中指明必须采用俄方标准。

但俄方也声称中方标准如果更合适，也有机会得到局部应用。

13.5 城市轨道交通标准在莫斯科应用存在的困难和问题

13.5.1 工程设计标准的差异

（1）莫斯科地铁建设公司（DSM）部门构成较为复杂并且涉及员工较多，由土地财产关系部门、列车部门、交通部门、乘客服务部门、信号集中闭塞系统部门、供电部门、医疗部门、联络部门、人防与突发事件部门、安全部门、电扶梯部门、消防部门、轨道部门与人造构筑物部门、收入部门、乘客设备安装部门、机电部门、信息科技部门、内务局部门、能源部门、非票务收入部门、DSM技术部门等21个部门构成，以上每个部门都有一个房间表，包含面积大小，并且房间设计需求应结合莫斯科规范设计、做法。同时，对于21个部门怎样分配到各车站，俄方也有一套运营组织图，用来调配DSM部门在每个车站的房间构成，而作为设计人员很难在短时间内了解设计原理，相较于国内地铁全自动化管理，包含的房间数量和种类都比较少，车站的平面布置无疑是很大的工作量。

（2）莫斯科地铁车站客流可用来计算车站出入口宽度、楼梯宽度、站厅门宽度、检票机数量、扶梯通过能力及扶梯数量，尽管客流计算方法与中国地铁客流大同小异，但规范要求数据不一致。

（3）结构计算不同带来的问题。国内地铁土建工程的结构计算是整个地铁工程达到百年使用年限的保证，是非常重要的环节，虽然中俄两国在理论基础上基本一致，但两国工程材料参数、规范设计参数、计算模型简化甚至对计算软件的认可程度都有很大差异。例如，中国在计算车站结构时，将模型简化成梁、板、柱的二维平面体系，这样既能基本满足实际受力状态又能提高计算效率；俄方则习惯选用欧美知名通用的有限元计算软件，直接建立三维模型，这样不仅建模时间很长、效率低，还会因边界条件取值有差异而增大判断结果真实程度的难度。

13.5.2 设计任务范围及划分不同带来的问题

莫斯科地铁土建结构的设计流程与国内有很大不同，拿本次的西南线初步设计项目来说，国内土建结构设计单位完成内容包含围护结构设计、主体及附属结构设计、工程筹划设计，其中工程筹划设计主要包括管线改移、交通组织、工期安排等，除此之外的如临水临电改造、施工场地及施工机械布置、基坑开挖流程等内容均由中标该工程的施工单位完成，属于施工单位的施工组织方案内容。这种任务划分是针对国内设计单位和施工单位的不同特点制定的，也满足相关法规的要求。

俄方的法规是以上所有工作内容均由地铁设计单位承担，这样便带来一些问题：由于国内设计单位对由施工单位负责的内容并不擅长，需要重新学习，造成中方设计人员难以按俄方要求按时完成图纸。

13.5.3　施工技术差异及图纸审查流程对设计的影响

目前国内的城市轨道交通经过大规模发展，土建施工技术已经日新月异，这些都给设计工作带来很多有利影响。而俄方近些年因各种原因，在城市轨道交通土建施工方面的发展较为迟缓，仍然采用比较繁琐的施工流程和工艺，使得施工效率难以提高，而这些都能通过设计方面合理优化来进行改善。

中方根据成熟的技术和经验提出一些合理化建议，但这些建议能否被采纳都取决于俄方的图纸审查制度。俄方除了一些内部图纸审查，最重要的就是国家审查委员会的审核，这个机构类似于国内轨道交通强审单位，很多与俄方常规做法不同的设计方案都要先到国家审查委员会进行答辩，否则便无法实施。而且答辩是在设计图纸完成并提交国家审查委员会以后才能进行，而土建设计又和建筑、通风等多个专业相关联，想推行一个优化方案便需要同时给国家审查委员会的多个不同专业的专家答辩，如果不能获得一致认可便导致全部方案报废，重新设计将无法按合同时间完成，给履约带来很大风险。

13.6　莫斯科有关的政策文件

13.6.1　本项目涉及的规范及标准

（1）СП120.13330—2012《地铁》。

（2）№87政府令《关于设计文件的章节组成及其内容要求》。

（3）156123961—80—1国家标准ГОСТР23961—80《地铁：建筑、设备和列车界限净空》。

（4）СНиП32—02—2003《地铁建筑标准与规则》。

（5）规范59.13330—2012《建筑物以及构筑物无障碍可达性》（更新版本规范35—01—2001）。

（6）规范2.07.01—89《城规布置以及建设城　乡居民点》。

（7）规范1.01—99《莫斯科市设计以及建设标准与规范》。

（8）国标R 51631—2008《乘客电梯　技术标准　包含无障碍可达性》。

（9）国标R 52875—2007《视力残疾地面触觉标志》。

（10）国标R 51671-2000《无障碍公用技术信息以及电信工具》。

（11）规范35-201-99《无障碍程序执行要求》。

（12）规范35-101-2001《设计建筑物以及构筑物无障碍可达性》。

（13）国标52131-2003《无障碍标志信息显示方式（或工具）》。

（14）规范136.13330.2012《总则设计建筑物以及构筑物无障碍可达性》。

13.6.2 其他常用建筑规范、法规文件

（1）10-08-01-2003N2《"建筑施工安全部门标准劳动保护条例"规范汇编》。

（2）11-01-06-2010N2079《标准化文件清单》。

（3）12-21-06-2010N1047-R《俄罗斯国家政府命令 21-06-2010N1047-R国家标准清单》。

（4）23июля2001годаN80《俄罗斯国家政府第N80号命令：通过建设中的劳动安全规范》。

（5）30декабря2009годаN384-Ф3《建筑物和设施安全技术规程》。

（6）BCH199-84《运输工程临时安置点设计和建设》。

（7）BCH217-87《锅炉房建设安装作业准备和组织》。

（8）BCH-200-83《高层住房建设地基建筑施工细则》。

（9）ГОСТ14098-91《钢筋混凝土结构钢筋件和预埋件的焊接、型号、结构和尺寸》。

（10）0ГОСТ23118-99《建筑钢结构一般技术规范》。

（11）И1.13-07《电气安装作业移交验收文件的制作细则》。

（12）МДС12-29.2006《工艺卡拟定和编写建议方法》。

（13）МДС12-47.2009《金属瓦屋面施工设计方案》。

（14）МДС53-1.2001《钢结构安装建议》。

（15）МДС12-30.2006《装修工作标准、规则和验收的方法建议》。

（16）ППБ_01-03《俄罗斯联邦消防安全条例》。

（17）РД-11-02-2006《基本建设项目施工、改建和大修时对管理竣工文件人员和程序的要求，以及对工程技术保障网的工程项目、结构和工段检查记录提出的要求》。

（18）РД-11-05-2007《基本建设项目施工、改建和大修时管理完成工程项目一般统计簿和（或）专门统计簿的程序》。

（19）Системанормативныхдокументов《建筑标准文件系统 俄罗斯联邦境内现行建筑标准文件指南》。

（20）СНиП2.03.01-84《混凝土和钢筋混凝土结构》。

（21）СНиП2.03.11-85《建筑构件防腐》。

（22）СНиП3.05.06-85《电气安装规范》。

（23）СНиП12-04-2002《建筑安全施工　第二部分　建筑施工》。

（24）СНиПⅢ-22-81《砖石结构和配筋砖石结构》。

（25）СНиПⅢ-23-81《钢结构》。

（26）СНиП12-03-2001《建筑施工中的生产安全》。

（27）СП53-101-98《钢结构的生产和质量控制》。

（28）Справочникметаллурга《冶金手册》。

（29）СТРОИТЕЛЬСТВО《建筑工程》。

（30）СХЕМЫОПЕРАЦИОННОГОКОНТРОЛЯКАЧЕСТВАСТРОИТЕЛЬНЫХ、РЕМОНТНОСТРОИТЕЛЬНЫХИ《建筑、建筑维修和安装工程的工序检查流程》。

13.7 重点工程典型事件分析

莫斯科地铁项目本次只有建筑、结构两个专业参与，在设计过程中发现俄罗斯地铁建筑设计原理与中国设计标准有很大不同。

俄罗斯地铁标准与中国地铁标准差异较大，主要体现在建筑设计规范、运营构成原理、机电设备专业构成、扶梯技术要求及设计方式、售检票系统、集中调度系统等。下面分别对上述主要问题对照中国地铁设计标准进行简要阐述。

1）建筑设计规范

（1）防火分区：俄罗斯地铁车站建筑规范要求只设一个防火分区，不分车站公共区和设备管理用房区，公共区对出入口设置数量、站厅站台到最远点疏散规范没有规定，只规定从地铁站的站台大厅应该至少设置两个分散的疏散出口，确保发生火灾时能够安全地疏散人员。设备管理用房区在疏散通道上，对于分布在出口之间的场所而言，从距离最远的工艺计划室（除盥洗室、卫生间、淋浴间及其他服务性场所外）的门到出口的距离不应该超过50m，对于带有通向尽头线走廊的出口场所而言，上述距离不应超过25m。从站台下方的场所，沿走廊、走廊端面的楼梯通往地铁站站台，或者通往站台高度上办公场所走廊，然后通向地铁站站台。疏散出口的门沿着从地铁站设施疏散出来的方向打开。下列场所的门的打开方向不作规定：从没有设置工作地点的场所出来的门，从人数不超过10人的场所出来的门，隧道之间联络巷道中的门。

（2）车站公共区的设计：俄罗斯地铁车站建筑规范要求地铁站的站台大厅

应该至少设置两个分散的疏散出口,确保发生火灾时能够安全地疏散人员。根据规范要求,俄罗斯地铁一般站设计2个端厅,两线换乘站根据设计情况端厅设计数量为2、3、4不等,端厅分为地下厅和地面厅。公共区很少设计为通厅,这是由车站通风原理控制的,车站公共区不设站台屏蔽门,新风来自区间风井,公共区不设排风系统,排风一部分是通过站台2组扶梯排至端厅,通过出入口通道排至室外,另一部分是通过站台塔柱排至站台板下,通过站台板下排风道至隧道机房由风井排至室外,但站台公共区设置火灾专用排烟风道。每个车站两端的上、下行隧道之间均设置迂回风道,当车站端部设有配线时,可不设迂回风道。每组迂回风道的面积为 $40 \sim 50m^2$,通常设置为两个矩形断面的通道,内部设置风阀。车站站台的断面采用单拱、三拱立柱、三拱塔柱、单柱两跨、双柱三跨等几种形式,且为岛式站台。站台宽度一般为 $12 \sim 20m$(浅埋车站一般为 $10 \sim 12m$),站台面至吊顶的高度在4m以上,追求站台"高端大气上档次"(图13-2~图13-4)。

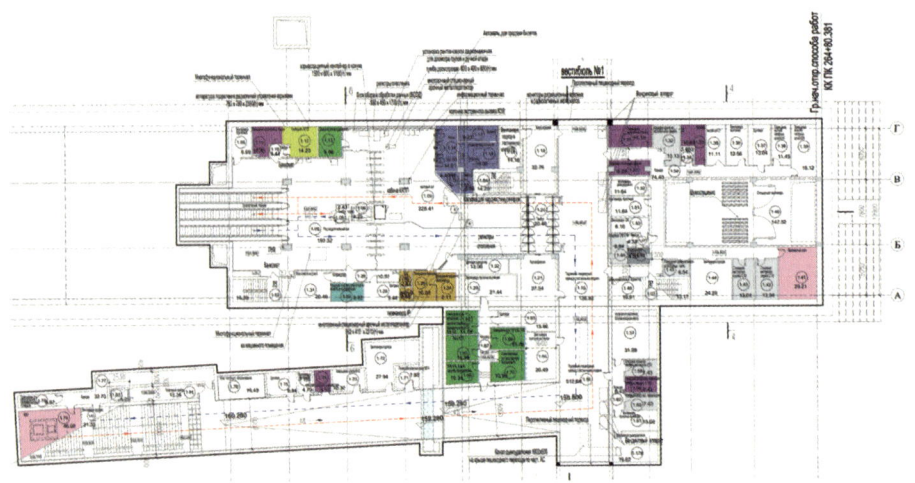

图 13-2 典型端厅布置图

图 13-3 站台层照片

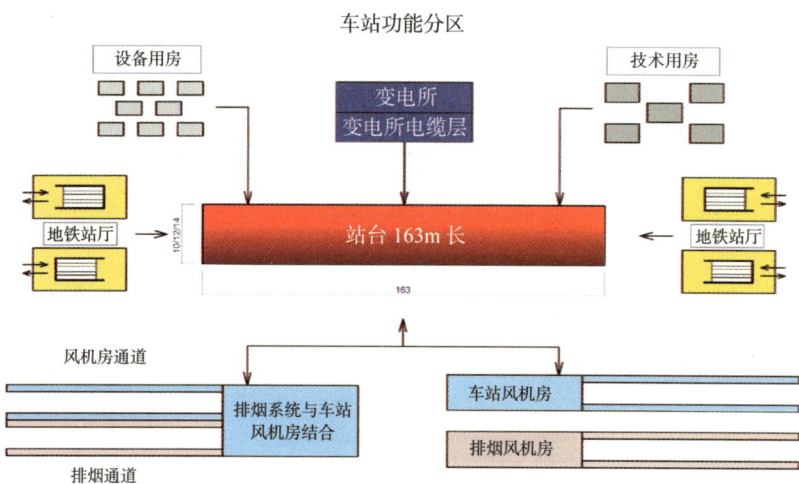

图 13-4 典型车站功能分区

2）运营构成原理

（1）DSM由21个部门构成，怎样将21个部门分配到各车站，莫斯科工程院、工业院对本线设计有一套运营组织图，用来调配DSM部门在每个车站的房间构成（图13-5、图13-6）。

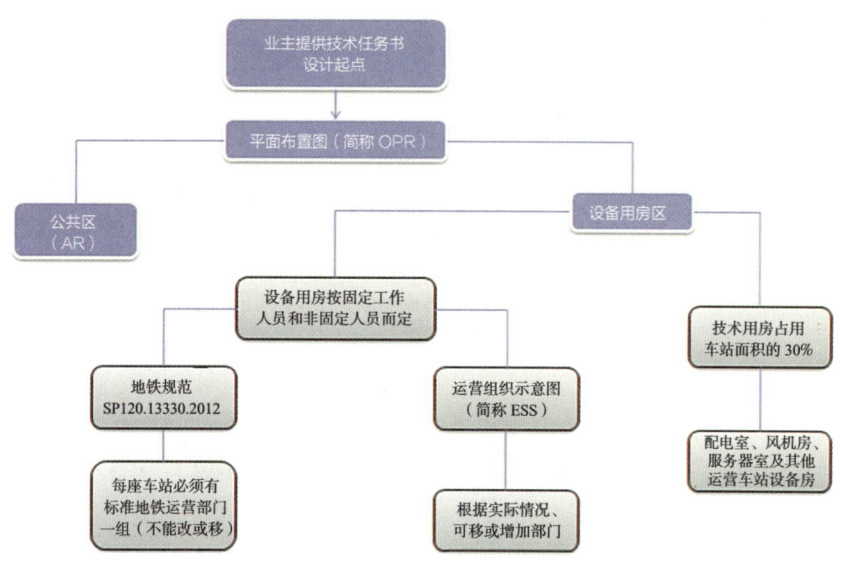

图 13-5 运营房间基本构成原理

（2）车站员工由以下几个部门构成：车务处、客运服务处、收入处、自动扶梯服务处、安全服务处、隧道构筑物服务处、工务处等。员工人数用来计算车站工作人员房间更衣室、更衣柜数量，卫生间、淋浴间数量，确定车站部分房间；经过与当地设计人员多方交流、沟通，在大致了解莫斯科地铁运营及设

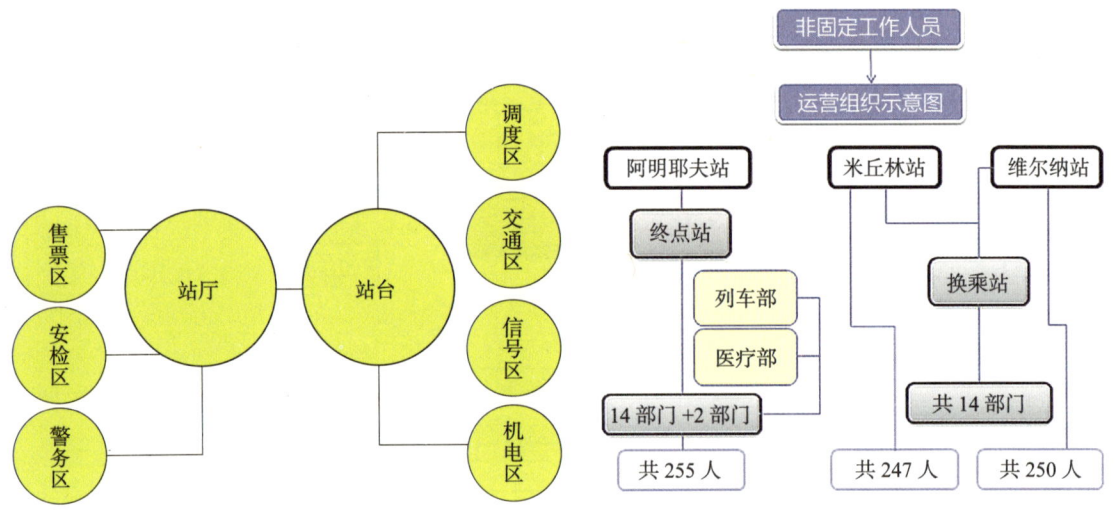

图 13-6　车站基本部门示意图　　　　图 13-7　车站运营组织示意图及人员配置数量

计原理的基础上，掌握了车站员工构成规律，完成了车站功能设计。目前本项目三个站平均每站需配置约250人（图13-7）。

（3）莫斯科地铁车站客流用来计算车站出入口宽度、楼梯宽度、站厅门宽度、检票机数量、扶梯通过能力及扶梯数量，不计算车站站台宽度及6分钟紧急疏散计算，这与中国地铁客流大同小异，但规范要求不一致（图13-8）。

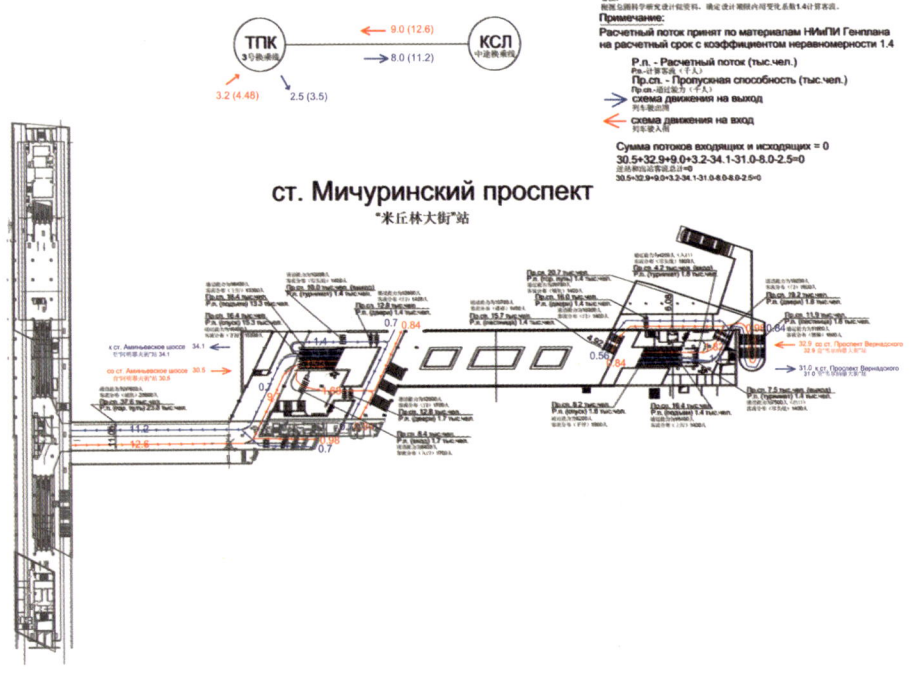

图 13-8　车站客流量分配图

3）机电设备专业构成

莫斯科地铁车站机电设备专业由下列部分构成：供电系统，供水系统，排水系统，暖通和空气调节、热力网，自动化操作、测量和信号系统，通信工具，线路和接触钢轨。

莫斯科地铁车站机电设备系统与中国地铁车站相比，没有自动化控制机电设备专业，牵引降压变电站采用三个独立的城市电力系统电源供电。其中一个直接由供电中心输送到牵引降压变电站，另外两个通过联络电缆由相邻的变电站输送到牵引降压变电站。变电所区域面积较大，约2000m^2；通风系统与中国地铁车站差别较大，与北京地铁1、2号线通风原理类似，车站设备管理用房区分区域设置通风、排烟机房，导致车站地面设计十多个地面风亭组；公共区不设大系统送排风管，其他专业管线不贯通站台公共区，为车站站台公共区装修营造空间环境，各站有其独特的装修风格，建筑格局也各不相同（图13-9～图13-11）。

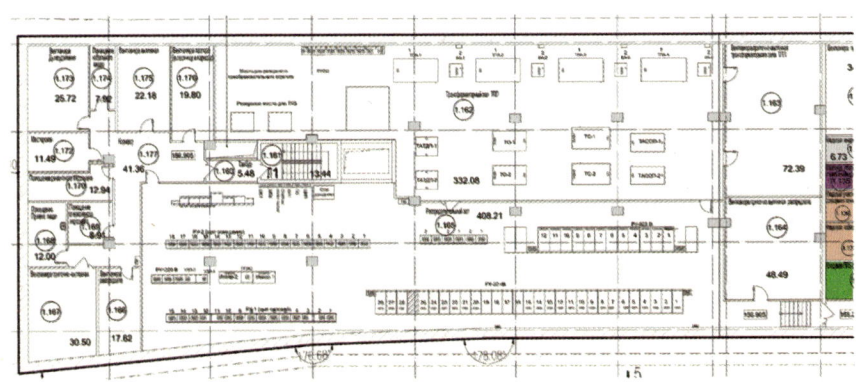

图13-9　车站牵引降压变电所典型布置方式

图13-10　车站地面风亭布置方式

图 13-11　车站古典与现代装修

4）扶梯技术要求及设计方式

莫斯科地铁设计规范要求：在旅客行走的路线上，车站和换乘构筑物在上升高度超过4m和下降高度超过5m时，应该安装滚动扶梯。在街道下的人行转换过道（具有车站地下前厅入口的过道）上，隧道地板的纵向坡度不超过40‰，横向坡度不超过10‰。在人行道转换过道地下阶梯的高度超过5.5m时，应该设计安装滚动扶梯。在进行车站改造时，在不安装滚动扶梯的情况下，允许将升降高度增加到5.5m。

根据上述要求，莫斯科地铁地下厅出入口设计时不设计自动扶梯，提升高度控制在6m以内，通过楼梯出地面；浅埋式地下车站根据设计提升高度5.5m以内设楼梯连接站台至站厅，设计提升高度5.5m以上设扶梯连接站台至站厅（图13-12）；深埋式地下车站在一个前厅中，设计不少于4部滚动扶梯，在另一个前厅中，根据计算进行确定，但不少于3部滚动扶梯。地面厅车站站台至站厅至少设3部扶梯（图13-13）。

莫斯科地铁自动扶梯的使用寿命不少于50年，设计扶梯机械室、机器间内应放置自动扶梯传动装置、电气设备、输入、控制和遥控箱，包括滚动扶梯机械操作手房间、机械操作手换班所、专家工作室等配套房间，在运营时间内，

图 13-12　浅埋式地下车站站台至站厅　　图 13-13　深埋式地下车站站台至站厅

每一个地铁站的自动扶梯都有专人把守。地铁建设公司自动扶梯部还配备一支由20人组成的紧急情况快速反应队，甚至有自己的零部件工厂，监督自动扶梯安全（图13-14）。

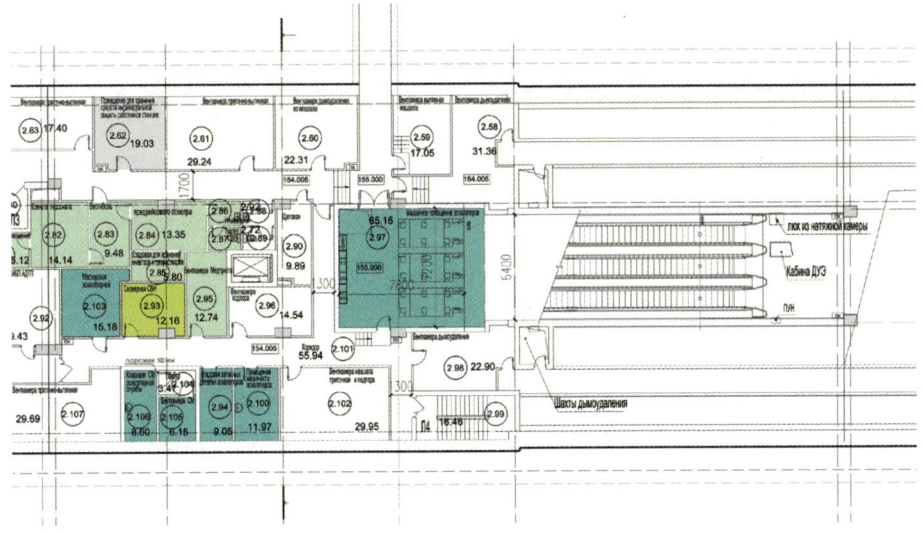

图 13-14　扶梯机械室布置图

5）售检票系统

莫斯科地铁售检票系统采用人工售票，主要由下列处所构成（图13-15）。

（1）售票处：在每个大厅入口处规定售票窗口数量不少于3个，同时需考虑通行费自动系统工艺设备的工作能力（170人次/h）和客流量；计算售票室的面积时，每工位的面积不小于4.5m²；硬币清点室的面积不小于6m²；用餐房

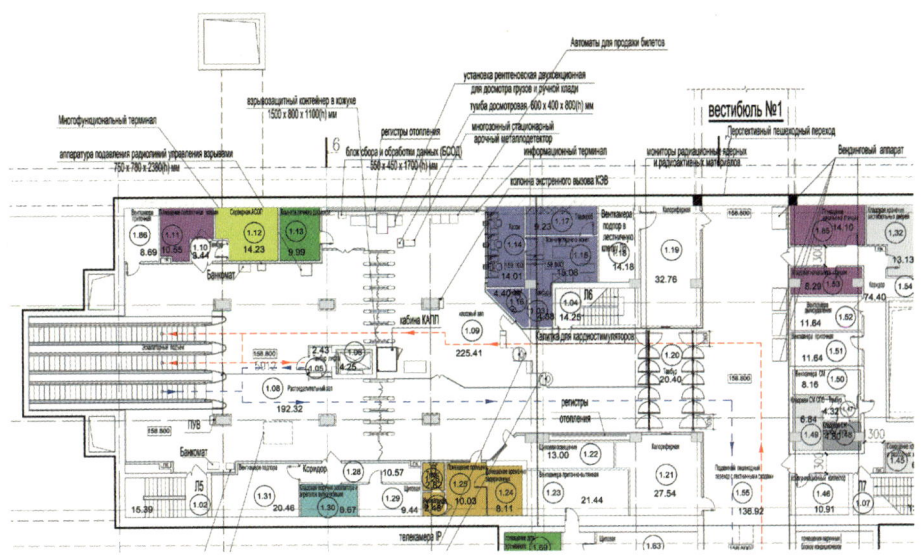

图 13-15　莫斯科地铁售检票系统典型布置图

间 $6m^2$；总售票员室不小于 $10m^2$；售票员存衣室不小于 $10m^2$；财务处清扫工具保存室 $3m^2$。

（2）卫生间可位于售票厅内、距离收款装置不远处。

（3）警务室（羁押室）和服务器室。

（4）售票机安装点及其电源：每个大厅入口处有四台小功效售票机和两台多功能售票机。

（5）规定收款区间队长室面积为 $9m^2$，储藏室面积为 $8m^2$。

（6）硬币清点室。

（7）安检设备。

6）盾构始发问题

俄罗斯做法是先将整个车站基坑挖至基底，再在基底先做一层500～1000mm厚钢筋混凝土临时底板，然后在始发处基坑侧壁上再做300mm厚钢筋混凝土临时墙体，用型钢焊接钢支架顶住临时墙体，在没有施工永久结构的基坑内部拆除与盾构机冲突的钢支撑，最后破除围护结构进行始发。

7）区间附属结构合并建设问题

俄罗斯规范中，区间需要设置多个不同功能的附属结构，主要为通风井、集水泵站和联络通道。中国的做法是在满足规范的情况下，通过各专业综合调整，将通风井、集水泵站和联络通道整合在一起，只需建设一个附属结构即可。中国做法不仅展示了中国方案的优势，优化了附属结构组合，并且满足俄方规范，适时地展现了中国技术。

13.8 采用中国标准与俄罗斯标准的比较分析

目前国内城市轨道交通工程各体系均很成熟，如果采用中国标准，在同等工程条件下，按中国现阶段物价水平与莫斯科的工程费用进行对比，结果如表13-1所示。

我国现阶段物价水平与莫斯科的工程费用对比结果　　　　表13-1

车站工程对比				
对比项目名称	浅埋车站（埋深小于25m）	深埋车站（埋深超过25m）	基坑工程	装修工程
土建工程费用（莫斯科/中国）	2	1.8	1.7	3
盾构区间工程对比				
土建工程费用（莫斯科/中国）	1.2			

　　经过上述比较可以看出，即使考虑到当地的人工成本问题，采用中国标准设计城市轨道交通工程也比采用俄罗斯标准设计造价低，这主要是因为中国标准在满足使用功能的前提下，通过各专业严密配合，采用合理的施工方法最大限度优化结构布置、结构计算。同时，中国标准随着科技进步不断更新，通过提高效率来降低工程实施成本，比俄罗斯标准灵活。

14 案例五 以色列特拉维夫红线轻轨运营维护项目

14.1 项目简介

14.1.1 项目背景

特拉维夫红线轻轨线路由以色列城市公共交通系统有限公司（NTA）具体负责。2010年，政府通过了将红线轻轨项目实施责任转交给NTA的决定，即NTA是该项目的业主方，隶属于交通运输部。该线路将是NTA首个运营的轻轨线路和快速公交线路，也是改善以色列公民福利和生活质量的综合计划的一部分。根据政府的决定，NTA开始大力招聘工程、设计和基础设施领域的专业人员，以实现该项目。

2012年，NTA发行了以色列最大的招标标书，包括常规NATM钻井工程投标的资格预审阶段（PQ）、TBM钻井工程招标和车站复合招标，以及SDAG（为项目核心的列车系统）投标的投标名单。NTA举办了专业会议，并得到积极响应，有数十家国际企业参与，包括一些行业领先的、最大的公司，这些公司来自于12个不同的国家。在此过程结束时，18家国际大公司（有些与以色列公司合作）提交了参与投标的建议。

以色列特拉维夫红线轻轨运营维护项目（以下简称"项目"）于2016年5月面向全球招标，业主为NTA。深圳市地铁集团有限公司（以下简称"深圳地铁"）与中国土木工程集团有限公司（以下简称"中土"）、以色列艾格德巴士公司（以下简称"艾格德"）组成联合体，积极开展项目的备标、投标工作。2017年4月19日，联合体递交投标文件。2017年8月31日，业主公布联合体成功中标项目。

14.1.2 项目概况

特拉维夫红线轻轨项目为特拉维夫市公共交通网络规划中首条开工建设

的线路，始于巴特雅姆，到达佩塔提科瓦，途经特拉维夫市区最繁华的商业中心地段，是特拉维夫都市区交通量最大的线路之一，计划于2021年正式开通运营。该项目设计单位为加拿大IBI公司，监理单位为柏诚公司，列车由中车长春轨道客车股份有限公司提供，设备系统仍处于招标阶段。项目土建工程分3个标段，中土参与其中2个标段，中铁隧道集团有限公司参与另外1个标段，计划于2021年完成土建工程。

线路总长23km，设33个车站，10个地下车站，23个地面车站。线路构成包括南部地面段、中间地下段、东部地面段三段。南部地面段长为7.5km，含16个地面车站和大约33个平交道口；地下段长为11.5km，含10个地下车站；东部地面段长约4km，含7个地面车站和11个平交道口（图14-1）。红线线路全程双轨设计，架空接触网提供直流1500V动力供电。此外，地下和地面的轻轨线路与车站都将配备先进的控制和维护中心。

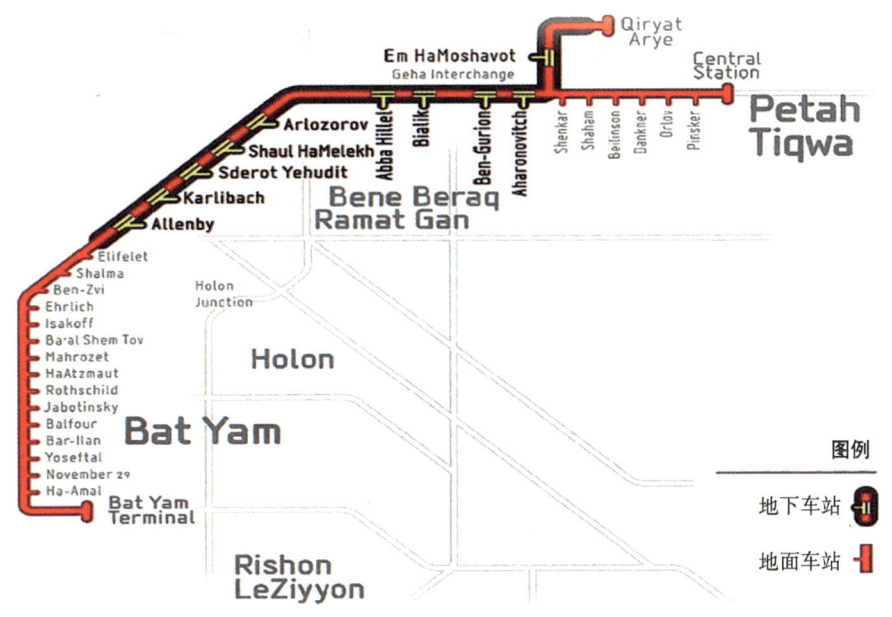

图 14-1 以色列特拉维夫红线线路

红线项目全线分两个阶段开通，南段15站7.5km地面线先期运营，剩余线路第二阶段完成开通运营。先期运营时采用临时车辆段和正线停车方式，轻型维修在临时车辆段进行，大型维修通过汽车转运方式在永久车辆段实现（如轮对镟修）；全线开通后采用永久车辆段开展调度、车辆及其他设备维修。

本项目中，深圳地铁、中土与以色列最大的公交运营商之一艾格德（Egged）组成的联营体，与以方业主正式签署了特拉维夫红线轻轨运营维护项目合同。三家联合体在当地组建了运维公司，负责红线的运营和部分设备的维护。深圳地铁是股东之一，在本项目中除承担股东管理责任外，还承担轻轨运营管理、安全质量、技术管理、设备维护等技术支持责任。

14.1.3 项目采用的标准及遵循的相关法规文件

14.1.3.1 以色列标准

迄今为止以色列已经颁布实施多达3000项标准，标准代号用"SI"表示。本项目采用的以色列标准SI 5350《轻轨交通系统的建设与运行》，是基于德国法规（1987年12月11日）的英译本《德国联邦关于轻轨交通系统建设和运行的规定》（BOStrab）。标准规定了轻轨系统（LRT）的构造和操作，不包括自动驾驶。除此之外，还采用了下列标准：

SI 20第2部分——灯具：应急照明灯具；

SI 24第1部分——乘客和货物升降机：电梯；

SI 24第2部分——升降机：乘客和货物的液压升降机；

SI 938.3——用于建筑物的平板玻璃面板：安全玻璃；

SI 1918（所有部分）——建筑环境的可访问性；

SI 5435（*）——轻轨运输的消防安全。

14.1.3.2 相关法规文件

项目遵循的相关法规和政策文件包括：

《残疾人权利平等法》（1998年）；

《残疾人平等权利条例》（含公共交通服务）；

《电气法》（1954年）及其现行条例；

《规划和建筑规章》（包括许可证申请、条件和费用，1970年，修订版）；

《关于将轻轨运输纳入市政交通安排的说明》（交通部）；

《道路照明规划说明》（交通部）。

14.1.3.3 国外标准

项目采用的部分国外标准如下：

BS EN 115《自动扶梯建设和安装的安全规则 乘客输送机》；

BS EN 50121《铁路应用 固定安装、保护规定》；

DIN VDE 0228《在电信干扰情况下的程序 电力设施的安装》；

DIN 5510《铁路车辆的防火保护措施》；

EN 50126《铁路应用 可靠性、可用性、可维护性和安全性（RAMS）的规范和演示》；

EN 50128《铁路应用 通信、信号和处理系统 铁路控制和防护系统软件》；

EN 50129《铁路应用　通信、信号和处理系统　信号安全相关的电子系统》。

14.1.3.4　国外文件

项目参考或采用的主要国外标准化文件有：

NFF 16101《铁路车辆　防火性能　材料选择》；

NFF 16102《铁路车辆　防火性能　材料选择　电气设备》；

NFF 16103《铁路车辆　消防安全　处置结构》；

NFPA 101《生命安全规范》；

NFPA 130《固定导轨运输和有轨客运系统》。

14.2　项目所在国环境因素

14.2.1　自然环境

14.2.1.1　地理位置

以色列地处亚洲西部，北部与黎巴嫩接壤，东北部与叙利亚、东部与约旦、西南部与埃及为邻，西临地中海，南临亚喀巴湾。整个国土呈狭长形，长约470km，东西最宽处约135km，海岸线长198km。主要河流有约旦河、亚尔库恩河、基松河。以色列实际控制国土面积约为2.5万km²。

14.2.1.2　气候环境

以色列的气候主要属于地中海式气候，夏季炎热干燥，冬季温和湿润。一年之中只有2个差别显著的季节：从4月到10月为干旱夏季，11月至次年3月为多雨冬季。降水分布十分不均，北部和中部降雨量相对较大，北部年降水量920mm；南部内盖夫地区年降雨量则十分稀少，仅为30mm。

14.2.2　政治环境

14.2.2.1　政治制度

以色列是议会民主制国家，奉行立法、司法和行政机构三权分立原则。以色列没有正式的成文宪法，涉及国家政体中行政、立法、司法机构的结构与权限，以及国家形态涉及的重要领域，由一系列基本法来规定和制约。

14.2.2.2　主要党派

以色列党派众多，时常出现新的分化组合，大体上可分为三大阵营：以蓝白党为首的中间派、以利库德集团为首的右翼强硬派和宗教党派阵营。主要政党包括利库德、犹太复国主义者联盟、蓝白党、犹太人家园党、工党、沙斯党、前进党等。

14.2.2.3 外交关系

1）同中国关系

中以两国于1992年1月24日正式建立外交关系。中以双方已签署贸易协定、文化交流协定、民用航空协定、劳务输出协议、体育合作备忘录、教育合作协议、旅游合作协定、邮电通信合作协议、工业技术研发框架协议和关于加强经济贸易合作的备忘录等。目前，以色列已在香港、上海、广州3座城市开设了3座总领事馆。2011年，以色列驻华大使馆商务处在成都设立了驻西南地区联络处。2014年4月8～10日，时任以色列总统佩雷斯对中国进行国事访问，这是佩雷斯第二次以总统身份访华。

在标准方面，中国原国家进出口商品检验局（SACI，为协议一方）和以色列标准局（SII，为协议另一方）为促进中以两国经济贸易的发展，鉴于协议双方希望在测试报告和工厂审查报告方面开展相互认可，以避免重复测试和检验，签署了《中华人民共和国国家进出口商品检验局和以色列国标准局合作协议》。

2）与周边阿拉伯国家关系

由于宗教、土地等历史遗留问题，自1948年建国以来以色列与周边阿拉伯国家长期处于敌对状态。直至20世纪70年代末期，以色列与周边阿拉伯国家的关系才得到了一定的缓和。

3）同美国关系

以色列与美国在经济、外交和军事方面均保持紧密的关系，作为美国主要的非北约盟友，以色列的地位显赫。1987年以来，以色列平均每年获得美国30亿美元的经济和军事援助。1998年双方商定从1999年开始10年内美国逐步削减经济援款，但同时增加其军事援助。1999～2008财年，美国每年的经济援助资金平均减少1200万美元，而军事援助相应增加600万美元。2007年8月，美国与以色列签订了谅解备忘录，拟定了一项10年的国防援助计划，计划从2009年起美国每年向以色列提供30亿美元的国防援助。

4）同其他国家关系

以色列目前与160多个国家建立了外交关系。过去10年亚洲地区的和平发展使得以色列与亚洲国家商务、贸易和外交关系更加紧密，其中主要有日本、韩国、中国和印度等国家。

14.2.3 社会环境

14.2.3.1 民族与人口分布

以色列居民主要为犹太民族，约占总人口的75.2%，达610.2万，约占全世界犹太人的44%；阿拉伯人占人口总数的20.6%，约168.2万；另有约4.2%的人口为德鲁兹人、贝都国人和切尔克斯人。

以色列部分城市的人口为：耶路撒冷80.1万人，特拉维夫40万人，海法28万人。超过20万人的城市还有里雄莱锡安、阿什杜德、佩塔提克瓦、贝尔谢巴、内坦亚、霍隆。

14.2.3.2　语言

以色列的官方语言为希伯来语和阿拉伯语，当地还通用英语。以色列商界和政府机关通用英语。

14.2.3.3　宗教

以色列居民的宗教信仰主要是犹太教、伊斯兰教和基督教三大宗教。

14.2.3.4　文化习俗

以色列地处亚、欧、非三大洲的结合处，且经历过多次移民潮，是一个多种文化和宗教的结合体，商业文化多样。以色列属于发达国家，受欧美文化影响较大，人民普遍较为热情、直接和开放，喜好交流，注重契约。大部分以色列人有宗教信仰，根据信仰不同在饮食方面有较为严格的要求。以色列人穿着通常比较随便，与西欧及美国相似，注重个性和随意的着装，特别是在夏天，很少穿西服、系领带。在以色列生活和工作要尊重当地习俗和宗教信仰，一般初次见面或与贵宾、某些私营公司人员、政府高级官员会面时应着正装以示对主人的尊重，以后可根据双方喜好确定。

14.2.3.5　科技、教育、医疗环境

以色列科研人员占全国人口的6%，每万人中有135个科学家和工程师，超过美国的85人，居世界第一。以色列还是世界上人均拥有律师和注册会计师最多的国家。

（1）科技环境

以色列由科技部、经济部、国防部、农业部、卫生部、通信部、教育部、环境部、国家基础设施部等13个部门以及科学与人文科学院等机构共同组成了国家的科技决策体系，推动协调全国的科技工作。以色列从事研发活动的主要机构有：7所研究型大学、国家农业科学院、专业国立研究机构、医院以及一些私人非营利机构。7所大学不仅承担了全部社会科学的研究工作，还承担了自然科学与技术领域30%的研究工作。全国3000多家各类高技术公司是从事工业研发的主要力量。

（2）教育环境

高素质人才是以色列高技术产业发展的基础。以色列十分重视教育并且大量吸收优秀移民，使得以色列人具备了较高的教育水准。多年来国家教育投入

占GDP的比重在10%左右，是世界各国中最高的。以色列全国77%的人接受过12年以上的教育，20%的人具有大学学历，全国有近20万大学生。另外，对国防的高投入和全民兵役制度也培养和造就了大量人才。

目前，以色列全国可授予本科以上学位的高等院校有58所，其中综合性大学7所。著名的高等院校有耶路撒冷希伯来大学、特拉维夫大学、海法大学、以色列工程技术学院、魏茨曼科学研究院、巴伊兰大学、本古里安大学等。

（3）医疗环境

以色列拥有先进的医疗系统，医疗条件与北美和西欧相当，医疗设施和医学水平都居世界前列。全国有各类医院350多所，诊所、妇婴保健中心、康复中心等渗透到了各社区。从医人员众多，有医生38000人，药剂师6000人，护士44000人。平均每220人拥有1名医生。以色列医疗保险资金来自三部分：①政府补贴；②病员基金会会员缴纳的医疗保险费；③病人就诊按比例自付的药费。

14.2.4 经济环境

以色列是经济多元化的工业发达国家，以知识和技术密集型产业为主；生活水平与大多数西欧国家相仿，高于西班牙、葡萄牙和希腊等欧盟成员国。以色列在通信、信息、电子、生化、安保和农业等领域技术先进，高科技产品在国际市场上极具竞争力。出口对以色列的经济增长具有重要作用，占以色列全年GDP的35%左右，出口产品以工业制成品为主，特别是高科技产品；进口则主要是原材料和投资性商品。

以色列货币名称为新谢克尔（New Israeli Shekel，NIS），现在习惯称为谢克尔，由以色列中央银行统一发行管理。以色列实行浮动汇率制，自2003年1月起谢克尔与美元、英镑、欧元等国际货币可自由兑换。人民币与谢克尔不能直接兑换，需以美元或欧元等国际货币作为中间货币进行兑换。以色列外汇市场实力雄厚，本国经济与全球融合度高，有能力应对大规模外汇交易而不对金融市场造成冲击。

14.2.5 法制环境

以色列国家法律法规健全，经济发达且稳定，政府更迭平稳，政策连续性好，人民整体受教育程度较高，契约精神强。

14.2.5.1 税收体系和制度

以色列实行属地税法和属人税法相结合的征税制度。税种包括收入和利润税、工资税、财产税、国内产品和服务税、进口税、国家保险税等。另外，各地方、各行业还有一些各自的征税和交费。每种税都有特例情况可予以减免。税务管理机构主要分为中央政府部门、国家保险协会、地方政府、其他机构四大类。

14.2.5.2 主要税赋和税率

（1）企业所得税

在以色列经营的当地企业和非当地企业都需缴纳企业所得税。当地企业需要根据其在全球范围内的收入缴纳企业所得税，而非当地企业应按照其在以色列发生或获得的收入缴税。

在以色列注册或在以色列控制或管理业务的企业被认为是当地企业。标准的企业税率是26.5%，被列为"批准""受益企业"或"优先（重点）企业"的公司可适用降低的税率。此外，合格的公司有资格得到降低企业税率和从投资中获得津贴。

（2）预扣税

对持有以色列公司10%以下股份的公司或个人支付的股息，需要缴纳25%的预扣税。如果公司或个人持有超过10%的股份，税率则为30%。当地企业可以免除通过固定收入支付以及在以色列境内应计或发生的公司股息税。有权享受《鼓励资本投资法》的公司可以适用15%或20%的代扣税率。

（3）增值税

以色列对消费、进口商品和服务征收增值税。增值税是以色列使用最广泛的间接税，涉及大部分交易，目前税率为商品及服务交易价格的17%。出口收入和新鲜蔬菜、水果的销售不需要缴纳增值税。计算应纳税额时，可用已付的增值税额冲抵营业收入中的应缴增值税额。

（4）资本所得税

出售企业资产、不动产、公司证券以及以色列居民在境外拥有资产所得到的收入属于资本所得，应按照以色列法律规定缴纳资本所得税。外国居民在以色列的资本所得按实际利润（去除通货膨胀因素）缴纳资本所得税，个人按10%～45%缴税，公司按25%～31%缴税。

（5）进口税和购置税

进口税最重要的是关税，完税价格为进口的CIF价格。以色列是WTO成员国，还与美国、欧盟、欧洲自由贸易区等国家、组织和地区签订了自由贸易协定，对大部分工业产品和部分农产品相互给予免关税待遇。进口环节购置税和增值税与国内购置税、增值税税率相同。

（6）个人所得税（PIT）

以色列居民需要对其在全球范围获得的收入和资本所得缴税，非本地居民个人只需要对其在以色列境内获得的收入缴税。个人所得税的税基包括来自就业收入、个体经营收入、投资收入、资本收益在内的所有收入，根据相关政策可享受税收减免。

14.2.5.3 以色列公司主要类型

在以色列可以进行多种形式的投资和商业运作，如以色列公司（包括股份有限公司、有限责任公司、无限责任公司）、在以色列注册的外国公司（或外国公司的子公司）、以色列合伙制企业（包括无限责任和有限责任两种）、外国合伙制企业（包括无限责任和有限责任两种）、合作社、合资企业等。不同类型的企业分别由不同法律加以规范，适用不同的税收办法。

海外公司可以在以色列设立分支机构或其他业务场所（包括股份转让或股份注册办事处），但必须于设立分支机构1个月内在以色列注册为外国公司。注册时应提交公司章程、董事名单、在以色列的联系人委托书。注册后可以在以色列设立固定的经营场所，在以色列纳税时与以色列公司享受同样的待遇。

14.3 以色列城市轨道交通工程建设管理体制、制度

14.3.1 工程项目的监管部门及有关情况

以色列交通与道路安全部是以色列政府内阁机构之一，负责以色列交通运输及道路安全事宜，规划协调交通政策、工作计划、预算和资金，进行票价、税费及费用政策管理，监控铁路局的管理，并开展交通研究。

14.3.2 标准机构

以色列标准化工作的负责部门是以色列标准局（Standards Institute of Israel，SII），位于拉马特·阿维夫，靠近特拉维夫大学。以色列的《标准法》规定，SII是以色列的官方标准机构，是从事标准化工作的法人团体。SII是一个非政府组织，但受以色列政府直接管理，在以色列工业、贸易和劳动部（工贸部）的领导下，负责制定标准、认证与产品检测，确保本国生产或进口的产品符合质量要求，为以色列工业和国民经济的各组成部分服务，其工作受国家审计官的检查（佚名，1999）。

成立SII的目的是规范以色列标准和认证。SII共设有17个中心技术委员会，覆盖了建筑、电工、化学、机械、食品、纺织、聚合物、电子、水、纸张、信息系统、环境保护、医疗器具、包装、安全、通信等领域；设有200多个技术委员会，以与1SO/IEC相对应（王立吉 等，1994）。SII除制定和执行标准外，还进行国际市场调查，对各种产品的市场进行广泛研究，并致力于改进生产工艺和研发新工艺。

14.3.3 以色列标准化发展趋势

以色列的《标准法》是40多年前制定的，其中某些规定已不适应社会经济发展的需要，目前已着手对该法进行修订。修订内容主要包括：官方（强制性）标准化的目的有所改变。为适应形势发展的需要，将在《标准法》中明确规定强制性标准的三要素，即安全、健康、保护环境，且充分考虑互换性和兼容性。为了增大标准化决策的权威性、公开性和透明度，决定在标准化专员下面设立一个由5人组成的标准化政策委员会。

14.4 以色列城市轨道交通现状及规划

14.4.1 耶路撒冷轻轨

耶路撒冷轻轨交通系统2002年开始建设，2010年完工，2011年8月开始投入服务，12月1日正式运营。目前，该轻轨系统全长13.9km，起讫站点为以色列空军大街—赫茨尔山，设有23个站点，全部为地面车站，其中为轻轨建设的琴弦大桥成了地标性建筑。运营时间从5:30至23:30，最小行车间隔6min。

线路设计中与其他交通工具紧密衔接，包括公交巴士和个人交通工具。线路设计与轻轨统筹，完成干、支线交通衔接；轻轨站台两侧设置公交道路和停车点，便于乘客换乘；主要站点附近设置机动车及自行车停车场，包括Mt.Herzl、Ammunition Hill和Pisgat Ze'ev-Center共三个站点，停车场开放时间与轻轨运营时间匹配；需换乘人员通过地下通道直接进入轻轨站台。

14.4.2 特拉维夫轻轨系统规划

轻轨系统作为以色列特拉维夫公共交通网络的一部分，是以色列最大、最复杂的运输项目，由大都会公共交通系统有限公司（NTA）具体负责。规划包括红、绿、紫、蓝、棕、黄、粉、橙七条线路，由五条轻轨（LRT）和二条快速公交（BRT）线路构成，总长215km，南至雷霍沃特，北至赖阿南纳（Ranana）和卡法萨巴（Kfar Saba）。目前仅红线正在施工中，绿线与紫线也将陆续开始施工建设，其余线路尚在规划中（图14-2）。预计到2030年，每天约有140万人次乘坐轻轨，早高峰期间乘客量将达到18万人次。预计轻轨将减少特拉维夫大都市地区的平均旅行时间，从每天35min降至28min，下降约8%。

图 14-2　以色列特拉维夫公共交通网络轻轨系统

14.5　中国标准在以色列的应用情况

中国幅员辽阔，地形复杂，气候多变，被极寒、雾霾、柳絮、风沙"淬炼"出的"中国标准"正逐渐超越"欧标"与"日标"，被越来越多的国家采用。以铁路技术为例，中国和欧洲对铁路设计有不同的技术标准，但随着工作的深入，技术人员发现，无论是中国标准还是欧洲标准，不存在本质的差异。中国标准丝毫不比欧洲标准低，而且中国铁路建设多，实践经验丰富，标准的实用性、适用性更强。

在以色列，也有中国标准被以色列直接引用为国家标准的案例。由上海企业主导的中国行业标准《超级电容电动城市客车供电系统》已转化为以色列国家标准颁布实施，这是中国电动汽车行业的技术标准首次被发达国家直接采用。但中国城市轨道交通标准国际化的进程还稍显落后，特别是在以色列等发达国家，而且以色列是公认的极其认真而严谨的国家，要想得到这样一个国家的认可，实属不易。以色列特拉维夫轻轨红线的建设依然是采用欧洲标准设计、欧洲标准施工的"双欧标"项目。

14.6　中国工程建设标准与以色列工程建设标准的对比分析

14.6.1　两国工程建设标准的基本概况

中国标准分为强制性标准和推荐性标准，涉及工程建设、冶金、农业、食品技术、林业、医疗等众多领域。以色列主要采用欧洲标准、部分采用本国标准，覆盖了建筑、电工、化学、机械、食品、纺织、电子等领域。本节将从标准体制、实施机构、标准编制、标准体系、使用语言、标准特点、经费来源、影响力、修订更新等几方面比较中国工程建设标准和以色列工程建设标准（表14-1）。

两国工程建设标准对比 表14-1

对比项	中国	以色列
标准体制	政府主导的强制性与推荐性标准相结合的标准体制	采用"技术法规+自愿性技术标准+合格评定程序"模式，由政府主导技术法规、市场主导自愿性标准的体制
实施机构	住房和城乡建设部标准定额司（政府机构）、有关社会团体（非政府机构）为实施机构	以色列标准局（SII）（非政府组织）为实施机构
标准编制	住房和城乡建设部标准定额司组织制定国家和行业标准，有关社会团体（非政府机构）等制定工程建设团体标准	政府授权以色列标准局负责标准编制
标准体系	五大类：国家标准、行业标准、地方标准、团体标准以及企业标准；四个层次：综合标准、基础标准、通用标准、专用标准	两大类：协调标准（根据技术法规制定）、非协调标准（根据市场需求制定）
使用语言	汉语	英语、希伯来语
标准特点	现阶段是政府机构主导编制；根据实践经验编制而成，很少引用国际或他国标准；强制性标准和推荐性标准均不属于法律范畴	政府主导编制的技术法规具有强制性，非政府组织主导编制的自愿性标准不具有强制性；标准体系完整并相互协调，且标准条文简单，系统性强
经费来源	政府拨款和编制单位自筹	政府拨款，经费市场化运作
影响力	强制性标准影响大，其他标准影响小	自愿性标准和技术法规一样，具有同样的影响力
修订更新	修订更新慢，平均标龄10.2年	修订更新快，平均标龄3～5年

14.6.2 两国工程建设标准的比较分析

1）实施机构

中国工程建设标准化工作主要依赖于政府机构和少数专业标准协会，住房和城乡建设部相关部门（标准定额司）是工程建设国家标准及行业标准的主管机构，具体负责国家标准和行业标准的制修订工作；相关协会、学会、技术联盟等作为推动工程建设领域标准化的民间机构，其研究和制定的团体标准是对国家和行业标准的重要补充，各地区可在与国家、行业标准不冲突的情况下，根据本地的特点和需要制定地方标准（沈永明等，2005）。

以色列标准局是根据《标准法》建立并得到政府正式承认的、专门从事标准化活动的法人团体，下设17个中心技术委员会。从表面看，标准局是一个非营利性的民间组织，但政府对其运作有很大影响，其主要职责是制修订和推行以色列国家标准（SI）（艾克凌，1998）。

2）标准内容特点

中国工程建设标准大多采用技术描述方法，规定不同工程建设项目工况的具体取值；而以色列工程建设标准则注重体现技术发展方向，内容是原则性的性能规定，只规定通用性的理论方法、计算公式和基本原理（倪光斌等，2016）。

3）应用情况

以色列坐落于亚、非、欧三大洲交界处，事实上却是欧洲国家，该国的政治文化、人们的生活习惯等与典型的西方国家相同。1992年以来，以色列推行新的标准化政策，即凡是有国际标准、欧洲标准的，便不再自行制定标准，尽可能将这些标准作为以色列标准等同采用（张国华，1997）。在以色列特拉维夫红线轻轨项目中，使用的基本上是等同采用欧洲标准的以色列本国标准。

4）结论

两国工程建设标准从体制机制、实施机构、内容特点等方面都是极其不同的两种体系，由于两国的地域、文化、地质、气候和政治结构等不同，谈不上孰优孰劣。

近年来，中国企业积极参与以色列铁路、公路、港口、市政工程等项目的投标与建设，显示出卓越的建筑能力和良好形象，但仍需不断地学习和吸收以色列先进的标准，优化和改进中国标准，并在当地广泛宣传中国标准，使当地慢慢了解和认可中国标准。

14.7 中国城市轨道交通优势分析

近十几年是中国城市轨道交通快速发展的时期，各大城市都在建设城市轨道交通。政府部门的统一审批和管理，加上各城市轨道交通公司之间频繁进行交流，造就了中国城市轨道交通全方位的优势，主要体现在标准规范、规划设计、施工建设以及运营管理等方面。

14.7.1 工程建设标准

14.7.1.1 工程建设标准具有全面性

中国标准包括国家标准、行业标准、地方标准和团体标准、企业标准，其中国家标准分为强制性标准和推荐性标准。截至2019年底，中国已发布实施城市轨道交通国家和行业标准115项，其中工程建设标准53项（国家标准26项）、产品标准62项（国家标准23项）；在编国家和行业标准26项，其中工程建设标准18项（国家标准7项）、产品标准8项（国家标准5项）。标准种类齐全，涵盖了土建、建筑结构、给排水、通信信号、低压动照等城市轨道交通30多个专业系统；内容丰富，要求详细，包括从规划设计、建设施工到后期的运营维护各阶段。这为城市轨道交通工程有序开展奠定了基础。

14.7.1.2　工程建设标准具有广泛性

截至2018年底，中国铁路运营里程突破13万km，其中高速铁路超过2.9万km，约占世界高速铁路总里程的三分之二，稳居世界第一。截至2019年底，我国内地有40座城市已开通、11座城市即将开通城市轨道交通线路（中国城市轨道交通协会，2020）。中国幅员辽阔、地形复杂多样、气候多变，基于此形成的涵盖各种水文地质条件和涉及极寒、雾霾、风沙等各种极端气候的中国工程建设标准适用范围很广。

14.7.1.3　工程建设标准具有可操作性

与注重原理和方法、具体规定弹性大的欧美标准不同，中国工程建设标准内容、指标、方法是基于中国工程建设几十年的实践经验总结而来，直接明确结论或给出结论，整体偏技术层面，十分成熟，可操作性强。

通过对比德国的《德国联邦轻轨交通系统建设和运营法规》和中国的《地铁设计规范》GB 50157-2013可知，德国标准在车辆设计时，站立区域的荷载为$5kN/m^2$；中国标准在计算最大立席（超员）人数时按9人/m^2设计，站立面积应为除去座椅及前缘100mm外的客室面积，人均体重按60kg计算。可以看出，德国标准更偏向于纯技术，对车辆生产单位具有一定的指导意义；而中国标准将技术标准与运营相结合，将荷载转化成可量化的人数，从运营角度看更直观、更便于各层级人员的理解。

14.7.1.4　工程建设标准具有革新性

中国城市轨道交通标准化工作始于20世纪80年代，90年代末期开始进入稳定、快速发展时期，经过20年的发展，城市轨道交通标准化工作取得了突破性进展。期间经历了标准化改革，2015年，《国务院关于印发深化标准化改革工作方案的通知》（国发〔2015〕13号）提出，培育发展团体标准，鼓励有条件的学会、协会、商会、联合会等先行先试，开展团体标准的试点工作；2017年11月4日发布、2018年1月1日开始实施的《中华人民共和国标准化法》（2017年修订）正式给团体标准以法律地位。至此，为了满足市场和创新需要，各社会团体围绕市场化程度高、技术创新活跃、产品类标准较多的领域开始制定团体标准，团体标准的编制工作也呈现了欣欣向荣、百花齐放、百家争鸣的局面。此外，结合国内城市轨道交通可持续发展的需要，中国正在加快城市轨道交通法律法规的制定，从而对城市轨道交通的管理予以规范和对接（中国城市轨道交通协会，2019）。

14.7.2 工程建设规划

规划是建设发展的先导和灵魂，推动城市轨道交通发展首先就要抓好规划这个龙头，坚持规划先行，注重发挥规划导向引领作用。

14.7.2.1 具有职权清晰的规划机构

中国的城市轨道交通工程都是由地方政府规划部门根据城市的地理空间、产业形态、人口布局进行统一规划，国家政府机构统一审批和管理。

21世纪以来，中国城市轨道交通进入快速发展期。以每个五年为计划期间，"十五"时期新增399km，2005年末共有线路545km；"十一五"时期新增1054km，2010年末共有线路1599km；"十二五"时期新增2019km，2015年末共有线路3618km。到2020年末，中国地铁运营线路200km及以上成网的城市将达30座之多，其中300km及以上国际级地铁网络化的城市也将达到18座。在短短十几年间，全国城市轨道交通有条不紊地开发建设，众多城市的轨道交通规模呈指数倍增长，轨道交通网络不断变化壮大，依靠的是职权清晰的规划机构部门。

14.7.2.2 具有丰富的轨道交通规划引领城市发展经验

本着建设轨道交通就是描绘城市蓝图的规划理念，中国将"城市发展＋轨道建设"高度融合，形成了城市对外大交通（铁路、民航、港口）、市内不同方式交通（地面公交车、出租车、私家车、共享单车）及市内不同轨道交通线路之间的换乘。国内已建成的不少以铁路（高速铁路）、民航空港为中心的交通枢纽，基本上都有城市轨道交通连通，如目前规模较大的地下交通枢纽站——深圳地铁福田站，集4条地铁线（1条正在建设中）、1条城际铁路、公交站、出租车及社会车辆场地站于一体，地处深圳福田中央商务区（CBD）。

城市轨道交通构建了"居住地＋就业地＋商业服务"形态组团和"珠链式"空间结构，实现了工作生活一体化，把中心城市和周边中小城镇连接起来，引导城市功能向周边中小城镇拓展，推动公共服务向周边中小城镇延伸，促进人口向周边中小城镇合理分布，助推市内与市郊、中心城市与中小城镇协调发展。

城市轨道交通规划更加注重增强自身可持续发展能力，实现了"轨道＋物业"的融合，在"基于轨道、始于物业、重在开发、构建社区、打造小镇、拓展新城"中推动"轨道＋物业""轨道＋社区""轨道＋小镇""轨道＋新城"等开发模式，释放了综合开发效益和经营收益。这在香港、深圳、杭州等城市均有成功例子。

14.7.2.3 具有独特的规划实践

与国外先有铁路网、后有城市群、城市依铁路而建、形成"轨道上的都市圈"不同，中国绝大多数地区是先有都市圈、城市群，以及比较完善的道路、高速公路系统，后建轨道交通网，先普及私人驾驶和汽车机动化出行，后建设并提倡轨道交通优先，形成"都市圈上的轨道"。此模式是在已经基本形成规模的都市圈内、城市群及地面道路网中进行轨道选线、设站、建维修基地，条件之苛刻，情况之复杂，难度之大，可想而知。

截至2019年2月18日，国务院先后共批复了10个国家级城市群，分别为长江中游城市群、哈长城市群、成渝城市群、长江三角洲城市群、中原城市群、北部湾城市群、关中平原城市群、呼包鄂榆城市群、兰西城市群、粤港澳大湾区。中国从顶层设计起步，进行局部探索，有发展的需求、有高质量发展的动力，从"都市圈上的轨道"走出了一条中国特色之路，将干线铁路、城际铁路、市域（郊）铁路、城市轨道交通"四网融合"。

14.7.3 工程设计

中国过去几十年在基础设施领域的快速发展，特别是近十几年高速铁路和城市轨道交通大规模的开发建设，得益于背后庞大的设计团队和丰富的设计经验，以及对工程设计的高效管控。

14.7.3.1 具有数量众多的工程设计资源

中国的工程勘察设计企业数量和设计人员位居全球前列，各等级资质企业占比合理，从业人员素质高。按《2010年全国工程勘察设计企业统计资料汇编》统计，2010年全国工程勘察设计行业企业达到14622家，其中甲级资质3147家，占21.52%；乙级资质4133家，占28.27%；丙级资质3321家，占22.71%；专项设计资质3081家，占21.07%；设计施工一体化750家，占5.13%；其他190家，占1.30%。全行业企业从业人员总数为142.30万人，其中专业技术人员92.6万人，各类注册执业人员17411人。

14.7.3.2 具有多种类的工程设计经验

中国拥有地铁、轻轨、单轨、有轨电车、中低速磁浮以及APM等多制式的城市轨道交通设计理论。截至2018年底，中国大陆地区运营两种及以上制式轨道交通的城市有16座，其中有5种和4种制式的城市各1座，3种制式的城市8座，2种制式的城市6座。从1965年中国第一条地铁线路开建，2002年第一条轻轨和第一条现代有轨电车线路投运，到2005年第一条跨座式单轨和第一条直线电机驱动轮轨线路建成，2010年第一条市域铁路和第一条新型轨道交通APM线路开通，再到2016年第一条中低速磁悬浮线路建成（包叙定，2018），经过近55年的设计实践，中国具备了成熟的多种制式城市轨道交通设计经验。同时，由于不同城市轨道交通所处的地理位置和自然条件不同，工程设计需因地制宜，从而也形成了多类型的设计经验。

14.7.3.3 具有理念先进的工程设计管理模式

城市轨道交通工程设计主要包括项目可行性研究、总体设计、初步设计和施工图设计四个阶段，涉及20多个系统、30多个专业、400多个接口。其中，初步设计阶段影响工程投资的可能性在75%～95%；对于技术复杂而又缺乏经验的项目，可在初步设计后增加技术设计阶段，技术设计阶段影响工程投资的可能性在35%～75%；施工图设计阶段影响投资的可能性在5%～35%，而到了施工阶段影响工程投资的可能性仅有10%左右（秦建设，2017）。所以，正确而高效的管理模式对工程设计工作至关重要。

中国目前已经形成了设计总承包管理模式、设计总体管理模式及设计总体总包管理模式三种理念先进、经验成熟的管理模式。

设计总承包管理模式是业主委托一家实力较强、有经验的大型综合性设计单位进行设计总承包，总承包设计单位对项目的设计过程和设计成果实施全方位的管理与控制，同时根据其自身的需求将部分设计任务进行分包。此模式简化了业主、政府部门与设计单位的关系，管理层次清晰、责任明确，有利于业主集中精力抓好工程的全面筹划、融资、建设、外部协调等工作。

设计总体管理模式是一种双轨制的纵向管理体制，即业主把整个工程的设计管理工作分为项目管理和技术管理，项目管理直接由业主承担，对参与本项目设计工作的分项设计单位的设计行为和设计成果实施管理与协调；技术管理则由业主委托一家技术实力较强的设计单位承担，对参与设计工作的分项设计单位的设计成果实施技术上的管理与协调。此模式加强了业主控制能力。

设计总体总包管理模式是指业主将设计总体工作和总包管理工作委托给同一个设计单位（通常被称为设计总体总包单位），由业主和设计总体总包单位对参与设计的各单项设计单位的设计工作实施管理与协调。此模式有利于业主对项目的控制，同时项目设计的整个风险得到了分担。

14.7.4 工程管理

城市轨道交通工程是一项耗资巨大、建设周期长的基础设施工程。然而由于中国各城市经济发展程度不同，地方政府的财政实力也不同，且随着工程建设的不断发展，不同时期的工程管理模式也会随之变化，所以形成了多渠道的工程融资模式和成熟的工程管理经验。

14.7.4.1 具有多渠道的工程融资模式

城市轨道交通项目资金需求量大、投资回收期长、建设规模大、建设周期长、技术复杂，地方政府不论在资金投入还是建设监管方面均面临巨大的困难与压力。中国的城市轨道交通工程融资从最初的单一政府出资模式发展到现在形成了建设—移交模式（BT模式）、建设—运营—移交模式（BOT模式）以及公私合伙制（PPP模式）等多种模式共存，且每种模式都应用于不同规模的工程中。截至2018年12月，中国PPP项目管理库执行阶段轨道交通类PPP项目为33个，总里程1042.48km，总投资7198.76亿元人民币，合作年限为20～25年，其中采用BOT模式的占82%，采用AB资产包模式的占18%（徐晓维，2019）。

14.7.4.2 具有成熟的工程管理模式经验

中国从1969年采用"建设指挥部制"的管理模式开展北京地铁一期工程管理，到1990年采用类似"交钥匙"的管理模式进行上海地铁1号线建设，以及后来采用承包建设管理模式的广州地铁1号线（王德峻，2013），在五十多年的城市轨道交通建设管理过程中，不断引入和创新工程管理模式。截至2018年底，中国在建城市轨道交通线路258条，在建总规模达6374km，其中采用的工程管理模式有设计施工总承包模式（DB模式）、建设管理模式（CM模式）以及设计采购施工总承包模式（EPC模式）等。

14.7.5 工程施工

在多年的工程施工经验基础上，中国创造了多个世界第一，打造出了具有国际竞争力的中国口碑，大大降低了工程造价，提高了工程质量，缩短了建设周期。不断创新造就了中国自主与智能的装备技术。

14.7.5.1 具有规模大、难度高的工程施工经验

今天的中国堪称世界第一大规模的城市轨道交通建设"工地"。截至2019年12月31日，全国运营线路总里程达6730.27km，在建线路长度超过6000km。每年4000多亿元的投资规模、900km左右的建成运营规模，将会持续到"十四五"时期。随着城市的发展，城市建筑物不断增多，城市轨道交通线网逐步形成，施工作业空间越来越小，施工难度也越来越大，由此催生出了一系列全球领先的施工技术，如繁华商业区超大规模地铁车站施工关键技术、交叠盾构隧道下穿高速铁路施工关键技术、矿山法零距离下穿既有地铁车站技术等。

14.7.5.2 具有全球低廉的施工成本

城市轨道交通建设需要耗费大量的人力、物力和财力，非常有必要控制工程总成本。在中国，有着大量廉价的劳动力，有着物美价廉的成套城市轨道交通系统设备，有着优惠的资金贷款政策等优势。据相关数据显示，截止到2016年底，美国每公里地铁的建设成本约是4亿美元，欧洲每公里地铁的建设成本约是2.5亿欧元，而中国平均每公里地铁的建设成本为1亿～1.2亿美元，所以中国基本具有全球最低的城市轨道交通建设成本。

14.7.5.3 具有首屈一指的施工速度

自从中国实行改革开放以来，"中国制造""中国速度""中国智造"等代表中国荣誉的称呼不断涌现。从1980年深圳的三天一层楼，到2018年湖南长沙的一天三层楼，正是对中国速度最好的诠释。中国城市轨道交通发展到今天，地下线路从土建全面开工到开通试运营合理工期一般为4～5年，其中土建施工一般需要30～40个月，机电安装与调试需要12～18个月，系统联调及试运行需要6～7个月。从全中国情况看，地铁实际工期受地质条件、周边环境影响较大，同时受征地拆迁、管迁改流等因素制约，目前中国地铁建设周期普遍为5～6年，遥遥领先世界发达国家的城市轨道交通建设周期。

14.7.5.4 具有自主与智能的轨道装备

从滞后102年，到经过20多年的努力跃居世界第一，中国不仅在运营里程上，而且在轨道装备方面发挥了后发优势，实现了自主化。

中国目前已经形成了自主研发、配套完整、设备先进、规模经营的集研发、设计、制造、试验和服务于一体的轨道交通装备制造体系，掌握了从整车到零部件的全套生产技术，整车年生产能力约9000辆，全球第一。地铁自主化达到95%，信号、牵引、制动、通信等系统的关键核心技术都实现了自主创新的突破。

拥有独一无二的轨道交通装备产业体系，覆盖了从电力机车、城轨车辆、动车组、磁浮列车、储能式现代列车等整车到IGBT、永磁电机、超级电容核心零部件的完整产品谱型。全球首个突破千亿规模的轨道交通装备产业集群，也是创新驱动、智能转型、强化基础、绿色发展的典型代表。

截至2018年底，中国12座城市"十三五"期间建设自主知识产权的全自动运行系统（FAO）线路合计1150km，预计到2020年底，中国采用FAO系统的城市将达到12市38线1212km。中国城市轨道交通互联互通技术示范工程向国家争取的专用频段与第四代通信技术相结合而形成的中国"独制"的LTE-M车地综合通信系统，在国际上处于领先地位。中国国内现有大量线路实现了"互联网+"，并在城市轨道交通规划设计、工程建设、运营管理、设备维护、乘客服务环节不断融合，涌现了大量自动化、智能化技术。

此外，国家发展和改革委员会组织实施了两项轨道交通重大工程：一是研制了具有自主知识产权的复兴号动车组,二是成功运行了具有完全自主知识产权的北京燕房线全自动运行系统示范工程。此举标志着中国自主的智能轨道装备更上一个台阶。

14.7.6 运营管理

截至2019年末,在6730.27km城市轨道交通运营线路中,地铁5187.02km,占77.07%;轻轨255.40km,占3.8%;单轨98.50km,占1.46%;市域快速轨道交通715.61km,占10.63%;有轨电车405.64km,占6.03%;磁浮交通57.90km,占0.86%;APM 10.20km,占0.15%。50余年对城市轨道交通建设和运营管理的不断探索及实践,锻炼并培养出一批经验丰富的运营管理团队,并逐步形成了一套体系完整、适用性强、具有普遍实践指导意义的运营管理标准。

14.7.6.1 完善的运营管理标准体系,造就独特的中国竞争优势

随着中国城市轨道交通的快速发展,相关运营管理标准体系也在不断丰富和完善。国家标准、行业标准、企业标准从国家、行业、企业三个层面相互促进、相互提升,实现良性循环。城市轨道交通运营标准在广泛实践性、适用性、覆盖度等方面形成了独有的竞争优势。

(1)运营标准体系的完整性

国家及行业层面,中国现行城市轨道交通运营标准涉及运营指标体系、运营前安全评价、运营安全管理、运营服务管理、节能管理、突发事件应急预案等方面的内容,实现了对城市轨道交通运营服务主要过程的全覆盖。

(2)运营标准体系的适用性和先进性

各城市轨道交通运营企业根据国家标准和行业标准,细化编制企业标准,实现标准的落地。同时,结合各自运营实践经验,参与修订完善国家标准、行业标准,实现了标准制定、实施、修订各环节的完美闭环,从机制上促进了各层级运营标准体系的良性互动,保证了运营标准体系的适用性和先进性。

14.7.6.2 丰富的运营管理实践,造就独特的中国竞争优势

根据中国城市轨道交通协会官网数据,截至2019年7月,中国城市轨道交通协会会员单位中运营单位共计61家(港澳台地区除外),城市轨道交通运营管理涉及全国34座城市。在丰富的运营实践中,逐步形成了生态完整的城市轨道交通运营产业链条,并在运营管理团队、运维装备等方面不断突破,形成了中国独有的竞争优势。

(1)运营管理团队

中国城市轨道交通运营管理团队的优势主要体现在以下方面。

从数量级看，由于中国开通轨道交通的城市日益增多，运营线路不断增长，造就了规模庞大、实践经验丰富的运营管理队伍。

从组织架构看，根据中国各城市轨道交通发展阶段不一的运营实际，从单一线路运营到网络化运营等不同运营架构均得到了丰富的实践检验；形成了科学的、行之有效的多种运营组织模式，有效克服了组织职能交叉、评价指标制度不完善、监管执行力度不足等问题，实现了资源配置合理化。

从人才梯队看，随着城市轨道交通行业的发展，企业单位构建了完整的培训体系，推行师徒带教、以老带新，保证了人才队伍的可持续发展。同时，组织开展校企联动，鼓励人才良性流动，从人才机制上保证了城市轨道交通运营管理人才结构的完整性和人才队伍的朝气、活力。

从极端运营场景应对能力看，由于中国幅员辽阔、人口众多、城市各有特点，大客流、沙尘暴、台风等极端运营场景是城市轨道交通运营企业需要面对的考验，而运营团队的极端运营场景应对能力也在多年的历练中得到快速成长。

（2）建设与运营衔接

在国内，城市轨道交通建设与运营一般情况是两个不同的主体机构。据相关资料对国内新线路运营基本条件统计数据，运营中的主要问题有30%是前期建设对运营考虑不足引起，因此建设向运营的平顺过渡是决定运营工作安全开展的基础。国内城市轨道交通行业经过50余年的发展，在国家层面上建立了相关的标准、规范，对建设阶段的建造质量、系统功能及安全条件进行了全方位的评估和评价，如《城市轨道交通初期运营前安全评估管理暂行办法》《城市轨道交通初期运营前安全评估技术规范》等。同时，各地运营企业也根据城市轨道交通运营需求，提前介入了工程建设阶段，并就运营筹备等工作建立了相关办法或制度。在网络化运营的城市中，运营机构已专门设置新线部门负责新建城市轨道交通的建设跟踪工作，基本实现了从工作设计至项目三权移交的全过程管理，从源头上降低了建设对运营的影响，也实现了建设向运营的顺畅过渡，降低了各类安全事件的发生。

（3）安全与创新

城市轨道交通设施属于社会公益性设施，运营安全是运营管理企业的首要目标，设备的可靠性、安全性是运营企业关注的重点。目前在国家层面已经建立了系统完善的安全法规及制度，范围和内容涉及轨道交通运营管理的各方面，对运营企业的安全及风险管控起到了有效的约束作用。在运营企业层面，建立了"一岗双责，党政同责"的安全管控体系，以安全委员为抓手，以企业安全管理网络为平台，实现安全管理常态化；同时，定期开展安全教育培训和应急演练工作，主动开展各类安全隐患排查与整治工作，杜绝和预防各类安全事件的发生，运营安全指标节节攀升。据统计，国内开通轨道交通且实现网络化运营的城市运行图兑现率均大于99%，准点率99%以上，列车五分钟以上服务可靠度均大于百万车公里/件。

随着新技术、新产品、新材料、新工艺等"四新"的不断推出，城市轨道交通行业也不甘落后，先后在票务系统中推出人脸识别、指纹识别，在供电系统中推广无人机巡检等。同时，在车辆大架修方面，以深圳地铁为例，该企业大胆创新，结合车辆大架修需求先后自创各类维修工艺装备150余台套，在提高工作效率的同时，也带动了企业的创新动力。大量的创新成果不仅提升了城市轨道交通的科技感，也提升了城市轨道交通的服务效能，为乘客提供更加便利、安全和"科技"的出行感受。

（4）运维模式多样化

城市轨道交通运营及维护是一个多元化产业，国内各城市轨道交通的运营模式千差万别，且经过多年运营，均积累了丰富的运营管理经验。在运营和维护对象不变的情况下，主要区别在于自主维护和委外维护，两种维护模式各有利弊。自主维护成本高，但可以掌握主动权，能灵活应对城市轨道交通可能发生的各类事件；委外维护节约成本，但很难掌握维修的核心技术，在设备发生故障时，运营企业处于被动地位。

目前，国内地铁运营以委外维护为主的平均每公里配员为35～40人；以自主维护为主的平均每公里配员为50～55人。例如，深圳地铁在车辆大架修方面大力培养各类人才，目前车辆大架修整车维修基本实现100%自主修，部件自主修达到93%以上。多种模式的应用和推广为城市轨道交通的运维模式提供了较多选择，从而适用不同制式城市轨道交通的运营维护需求。

（5）信息化管理

经过近20年的发展，城市轨道交通信息化管理日趋成熟且更加智能，基本包含了城市轨道交通的所有业务范畴。例如，深圳地铁运营信息化管理，不仅建立了信息化管理平台，还构建了信息化维护组织，持续开展信息化管理系统开发及维护工作，并在系统功能方面不断完善和提升。随着智能运维和5G网络的应用，信息化建设及管理的重要性将更加突显，各类数据及信息将实现实时共享，不断提升运营工作效能。同时，信息系统的授权制和流程化的管控模式也发挥了安全管控的作用。目前，深圳地铁运营建立了三大业务版块（办公、生产、服务）约23个子模块的信息管理系统，完全实现了所有运营信息平台共享和无纸化办公。

（6）运维装备

城市轨道交通行业是一个综合型行业，涉及车辆、机电等多个细分专业，基于健全的中国现代化工业体系，确保了中国城市轨道交通运营维护装备的完备性和先进性。特别是在5G通信技术、无人机巡检等前沿科技的应用探索上，中国城市轨道交通行业走在了世界前列。例如，深圳地铁开展了全球首例5G通信技术在城市轨道交通的应用：地铁11号线5G车地无线通信，150s传输25GB车载数据，实现了列车数据快捷智能调取。

14.8 中国标准在以色列应用存在的困难和问题

在以色列当地，不仅仅在城市轨道交通领域，中国标准在其他领域的应用案例也十分少，其很多基础设施均采用欧美等发达国家标准。除去以色列的历史、地理及习俗等原因外，还因为以色列自宣布成立以来，一直将欧洲标准作为其国家标准，同时也直接沿用国际通用的标准，将国际标准颁布为国家标准。因此，在以色列推行中国标准受制于其现行标准制度，难度极大。而且，中国标准在国际上认可度不高，鲜有国家采用中国城市轨道交通标准修建线路，这也是以色列不接受中国标准的重要因素。同时，以色列是一个法律体系特别完善、工业技术标准特别健全的国家，其工业技术标准要求十分高，与欧洲标准相近，因此想在这样一个体制完善、标准健全的国家推行中国标准，其难度可见一斑。

另外，在标准之争背后，实质是中国企业和欧美企业的商业利益之争。以中国标准生产的产品进入其市场，对其原来的产业会形成冲击。因此，从自我保护的角度看，也会通过设置技术壁垒不予接受或者抵制中国标准。采用欧洲标准，意味着中国城市轨道交通所有的产品装备都要经过欧洲的认证，包括信号、列车、钢轨、水泥、橡胶垫片、紧固件等，此外还包括设计规范、工艺流程，甚至模具都需要改用欧洲标准。中国企业的各项产品都经过中国有关质检中心的认证，事实已经证明产品安全、性能可靠。若再经过欧洲的认证，将交纳一笔不菲的认证费用。如果再改造厂商模具、生产设备的规格、工艺流程等，资金投入更大。这些都将大大增加生产成本。

15 案例六　城市轨道交通车辆出口项目

截至目前，我国城市轨道交通车辆等产品已出口到美国、澳大利亚、巴西、泰国、沙特阿拉伯、伊朗、新加坡、新西兰、阿根廷、埃塞俄比亚、中国香港等国家和地区。随着各国法律法规日益健全、国际标准日趋完善，各出口项目的标准应用情况出现了新的趋势，我国标准国际化也面临着新的挑战。

为应对新的形式变化，以中车长春轨道客车股份有限公司为代表的一些企业，与一些国家和地区建立了合作关系：在美国建立研发中心合作研发美标地铁，在澳大利亚建立研发中心合作研发双层客车，与俄罗斯西纳拉集团合作研发莫喀高速铁路，与德国DB公司合作开展检修技术研究，与美国密歇根大学、香港理工大学、德国IMA研究所等合作开展技术研究。

本章从车辆出口项目全面采用当地标准，当地标准与国际标准、其他国家标准结合采用，中国标准与国际标准及其他国家标准结合采用三个方面，选取代表案例，分析我国城市轨道交通车辆出口项目应用标准情况。

15.1 全面采用当地标准

选取的代表案例是美国波士顿地铁车辆项目和中国香港地铁市区线车辆项目。

15.1.1 美国波士顿地铁车辆项目

自2014年以来，中国中车先后获得美国波士顿、芝加哥、洛杉矶、费城等多座城市轨道交通车辆产品订单。美国马萨诸塞州波士顿市橙线、红线地铁车辆项目作为中车长春轨道客车股份有限公司进入美国市场的首个项目，首批订单合同在2014年10月正式签署，共计284辆地铁列车。

波士顿橙线车辆采用全动力配置，最小编组单元2辆车，运行编组单元可分为2、4、6辆车。车辆按系统工程管理模式进行设计，在碰撞安全设计、激光焊车体外观、更宽的车门、抗老化材料和易于清洁维护的内装、全列车网络监控、节能环保等各方面采用前沿技术，运营品质和面对乘客的人性化界面大幅度提升。车辆在美国波士顿本地化适应性达到预期目标。

该项目车辆绝大部分标准是按照美国联邦、州法规及行业标准执行，这其中大多数标准是业主在合同中明确指定的，其余部分是指定标准所引用的标准。整个项目用标准详细、明确、成体系。分析项目案例可以发现，美国标准体系较成熟、完善，各标准协会分工明确，在行业内有技术权威。

美国标准体系由法律、法规与标准一起构成了一整套完整的体系。美国法律法规比较齐全，上有联邦法规，下有各郡州法规；而美国项目基本上很少采用国际标准，大部分都是美国的协会标准，美国的国家标准也是由各民间非营利性协会的标准构成。协会标准的特点如下。

（1）专业性强

由行业专家起草专业标准，适用于涉及该专业的各领域，如美国焊接的标准完全执行AWS焊接标准体系，车辆、建筑、桥梁等行业均需按统一、基本的要求执行，同时在地铁车辆上又附加新的要求。

（2）权威性强

目前，美国的协会标准已形成了国际化的趋势，我国出口海外的诸多项目或多或少都在采用美国的协会标准。协会组织成员也逐步由美国本土扩大到世界范围。

15.1.2 中国香港地铁市区线车辆项目

中车青岛四方机车车辆股份有限公司（后简称中车四方）于2016年中标我国香港地铁市区线车辆项目，合同总数为744辆，用于香港市区内寿命到期车辆的更新。该项目为目前中车中标的最大地铁车辆订单，车辆主要采用国际标准和英国标准，并于2019年交付。

香港地铁于1982年开通第一条线路，到2017年底共开通了11条线路，由于历史原因，香港没有自己的城市轨道交通建设标准，其第一批车辆和线路均是基于英国标准建造，所以香港地铁目前还一直沿用英国的相关地铁行业标准，此外还有大量的IEC和ISO通用国际标准。

总体上香港目前有完备的地铁车辆标准体系，基本上是BS、IEC、ISO等国外和国际标准。虽然目前香港没有明确的法律规定不能采用中国标准，但港铁目前很难接受中国标准，一般情况下技术标准不会采用中国标准，中国的城市轨道交通标准在香港的推行难度较大。

香港市区线合同规定车辆图样等基础标准可采用中车四方自己的企业标准，其他车辆技术标准均来自于IEC、ISO标准和部分法国、美国及UIC标准，标准清单如附表9-1、附表9-2所示。

15.1.3 小结

纵观我国的标准体系,共分为五个层级:国家标准、行业标准、地方标准、企业标准,还有新兴的团体标准。目前主要问题是每层次的标准都在追求大而全,涉及本行业的各类相同专业性标准大家都在分头做。例如,耐候钢标准,国家标准有GB/T 4171-2008,铁道行业标准制定了TB/T 1979-2016;铁道车辆安全玻璃,国家标准有GB/T 18045-2000,此标准目前还继续有效,铁道行业标准又发布了TB/T 3413-2015;相同的标准没有太大差异,但却造成了资源的浪费和使用上的混乱。

因此,建议专业领域应统筹协调,团体协会应重点研究专业性标准,集中力量做好本领域的标准。这样,标准既有权威性,资源也不会浪费。同时,通过专业协会与国际上相应的协会对接,技术上交流更顺畅,有利于参与国际标准制定。

15.2 当地标准与国际标准、其他国家标准结合采用

选取的代表案例是墨尔本高运量地铁车辆项目和以色列特拉维夫轻轨项目。

15.2.1 墨尔本高运量地铁车辆(HCMT)项目

该项目自2016年启动,目前正在调试阶段。澳大利亚有完整的轨道交通车辆建造、维修、运营标准体系,被称为AS7500系列标准,所有服务于澳大利亚的轨道交通车辆都需要参照此系列标准执行。该系列标准包含强制执行部分和建议执行部分,任何不满足标准规定的强制条款,车辆制造商均需要提供充足的控制措施说明车辆的安全性。

墨尔本高运量地铁车辆合同条款要求车辆制造方满足澳大利亚标准的同时,还需要满足技术要求中的EN(欧洲)、IEC(国际电工委员会)、ISO(国际标准化组织)、BS(英国标准学会)、UIC(国际铁路联盟)标准。在此基础上,车辆建造方还需满足州政府、运营方的法律法规。项目标准清单如附表10-1~附表10-3所示。

15.2.2 以色列特拉维夫轻轨车辆项目

以色列特拉维夫轻轨车辆项目是中车长春轨道客车股份有限公司(后简称中车长客)开拓中东市场的重点项目。项目合同对车辆设计要求非常严格,需

要满足 EN、ISO、UIC、DIN、IEE 及以色列的相关标准。除以色列本国标准和国际标准外，项目标准清单中还包括一部分德国标准及少量美国和英国标准。采用标准清单如附表11所示。

15.2.3 小结

澳大利亚、以色列等国家自身拥有一定的标准体系，此体系中多为安全强制性标准及法规。就城市轨道交通行业来说，上述国家已有多年线路运营经验，在长期运营中总结了一系列相对固定的项目用标准。车辆产品除涉及安全系列标准外，多要求采用 ISO、UIC、IEC 和 EN 等国际或区域标准，少部分应用德国、英国等国外标准。

15.3 中国标准与国际标准、其他国家标准结合采用

选取的代表案例包括麦加轻轨项目、埃塞俄比亚轻轨项目。

15.3.1 麦加轻轨车辆项目

该项目2008年启动，中车长客负责提供17列12辆编组，共计204辆地铁车辆产品。车辆设计主要执行的标准为 EN、ISO、IEC 等国际标准及少量德国标准，但在制图、过轨运输、铁道车辆用安全玻璃等方面采用了中国标准。

15.3.2 埃塞俄比亚亚的斯亚贝巴70%低地板轻轨车

该项目2014年启动，中车长客提供41列3辆编组，共计123辆轻轨车辆产品。车辆为采用不锈钢骨架承载车体的低地板轻轨车辆，供电制式采用750V。埃塞俄比亚没有自己的标准体系，车辆产品标准以中国标准结合 ISO、UIC、IEC、EN 等国际和区域标准为主，也包括德国和日本标准。中国标准主要包括中国国家标准和铁道行业标准，涉及车辆设计、验证、空调系统、动力学性能评定等领域。项目标准清单较为详细完整，中国标准占总标准数量的47%。

15.3.3 小结

综合分析上述两个案例，如果城市轨道交通车辆出口产品使用地没有自己的标准体系，可以利用这个"真空期"和中国的车辆技术，在当地推行中国城市轨道交通车辆标准，引领其使用中国的标准体系。

15.4 结论

城市轨道交通车辆产品要想开拓更广阔的国际市场，必须打破标准短板对海外项目造成的制约，提升标准的国际化，让中国标准获得其他国家的认可。但是，目前还存在许多问题需要面对。首先在城市轨道交通车辆行业，中国需要进一步加大力度建设完整的标准国际化专属行业协会，如美国的国家标准是由许许多多的民间非营利性协会的标准构成，通过协会整合各方面资源，覆盖城市轨道交通车辆产品各专业方方面面的需求。我国标准国际化的制约因素之一是体系不健全，许多标准还需依赖国外标准的支撑。尤其是在制定各类国家或行业标准时，还经常要引用国外标准，而这又涉及知识产权的困扰。如果我国的标准覆盖全面，此类问题将迎刃而解。

附 录

越南河内城市轨道交通吉灵—河东线采用标准清单[1]　　　　附表1

序号	标准名称	标准编号
1	地铁设计规范	GB 50157-2003
2	地下铁道、轻轨交通岩土工程勘察规范	GB 50307-1999
3	城市轨道交通工程测量规范	GB 50308-2008
4	地下铁道工程施工及验收规范(2003版)	GB 50299-1999
5	地铁限界标准	CJJ 96-2003
6	城市轨道交通自动售检票系统工程质量验收规范	GB 50381-2006
7	城市轨道交通通信工程质量验收规范	GB 50382-2006
8	城市轨道交通直流牵引供电系统	GB/T 10411-2005
9	城市轨道交通信号系统通用技术条件	GB/T 12758-2004
10	城市轨道交通照明	GB/T 16275-2008
11	铁路桥涵地基和基础设计规范	TB 10002.5-2005
12	铁路桥涵混凝土和砌体结构设计规范	TB 10002.4-2005
13	铁路工程抗震设计规范	GB 50111-2006
14	铁路桥涵钢筋混凝土和预应力混凝土结构设计规范	TB 10002.3-2005
15	铁路桥涵设计基本规范	TB 10002.1-2005
16	岩土工程勘察规范	GB 50021-2001
17	建筑结构荷载规范(2006年版)	GB 50009-2001
18	建筑地基基础设计规范	GB 50007-2002
19	钢结构设计规范	GB 50017-2003
20	混凝土结构设计规范	GB 50010-2002
21	建筑抗震设计规范(2008年版)	GB 50011-2001

[1] 注：项目采用的标准，后续因修订、复审等原因，存在标准废止、名称改动、发布年变化等情况，为了忠实于项目的实际情况，表格列举的是项目采用时的标准名称和编号。附录其余各表同。

序号	标准名称	标准编号
22	采暖通风与空气调节设计规范	GB 50019-2003
23	铁路信号设计规范	TB 10007-2006
24	火灾自动报警系统设计规范	GB 50116-98
25	建筑给水排水设计规范	GB 50015-2003
26	自动喷水灭火系统设计规范(2005年版)	GB 50084-2001
27	室外排水设计规范	GB 50014-2006
28	3～110kV高压配电装置设计规范	GB 50060-2008
29	电力工程电缆设计规范	GB 50217-2007
30	民用建筑电气设计规范	JGJ 16-2008
31	铁路路基设计规范	TB 10001-2005
32	厂矿道路设计规范	GBJ 22-87
33	建筑设计防火规范	GB 50016-2006
34	民用建筑设计通则	GB 50352-2005
35	混凝土结构施工图平面整体表示方法制图规则和构造详图	03G101-1～2
36	声环境质量标准	GB 3096-2008
37	地铁杂散电流腐蚀防护技术规程	CJJ 49-92
38	声屏障声学设计和测量规范	HJ/T 90-2004
39	粉煤灰在混凝土和砂浆中应用技术规程	JGJ 28-86
40	普通混凝土力学性能试验方法标准	GB/T 50081-2002
41	混凝土强度检验评定标准	GBJ 107-87
42	钢筋机械连接通用技术规程	JGJ 107-2003
43	普通混凝土用砂、石质量及检验方法标准	JGJ 52-2006
44	普通混凝土配合比设计规程	JGJ 55-2000
45	混凝土用水标准	JGJ 63-2006
46	砌筑砂浆配合比设计规程	JGJ 98-2000
47	建筑钢结构焊接技术规程	JGJ 81-2002
48	铁路工程土工试验规程	TB 10102-2004
49	预应力混凝土用金属波纹管	JG/T 225-2007
50	钢筋混凝土用钢 第1部分：热轧光圆钢筋	GB 1499.1-2008
51	钢筋混凝土用钢 第2部分：钢筋混凝土用热轧带肋钢筋	GB 1499.2-2007
52	通用硅酸盐水泥	GB 175-2007
53	混凝土外加剂	GB 8076-2008
54	用于水泥和混凝土中的粉煤灰	GB/T 1596-2005
55	预应力混凝土用钢绞线	GB/T 5224-2003

序号	标准名称	标准编号
56	预应力混凝土用螺纹钢筋	GB/T 20065-2006
57	预应力筋用锚具、夹具和连接器	GB/T 14370-2007
58	滚轧直螺纹钢筋连接接头	JG 163-2004
59	预应力混凝土桥梁用塑料波纹管	JT/T 529-2004
60	公路水泥混凝土纤维材料　聚丙烯纤维和聚丙烯腈纤维	JT/T 525-2004
61	铁路碎石道砟	TB/T 2140-2008
62	铁路桥梁盆式橡胶支座	TB/T 2331-2004
63	干式电力变压器选用、验收、运行及维护规程	CECS 115：2000
64	砌体工程施工质量验收规范	GB 50203-2002
65	屋面工程质量验收规范	GB 50207-2002
66	地下防水工程质量验收规范	GB 50208-2002
67	建筑地面工程施工质量验收规范	GB 50209-2002
68	建筑装饰装修工程施工质量验收规范	GB 50210-2001
69	通风与空调工程施工质量验收规范	GB 50243-2002
70	电气装置安装工程　电力变流设备施工及验收规范	GB 50255-96
71	建筑工程施工质量验收统一标准	GB 50300-2001
72	建筑电气工程施工质量验收规范	GB 50303-2002
73	电气装置安装工程接地装置施工及验收规范	GB 50169-2006
74	建筑与建筑群综合布线系统工程验收规范	GB/T 50312-2000
75	电气装置安装工程盘、柜及二次回路接线施工及验收规范	GB 50171-92
76	建筑地基基础工程施工质量验收规范	GB 50202-2002
77	混凝土结构工程施工质量验收规范	GB 50204-2002
78	钢结构工程施工质量验收规范	GB 50205-2001
79	建筑给水排水及采暖工程施工质量验收规范	GB 50242-2002
80	钢筋焊接及验收规程	JGJ 18-2003
81	钢结构高强度螺栓连接的设计、施工及验收规程	JGJ 82-91
82	铁路轨道工程施工质量验收标准	TB 10413-2003
83	铁路路基工程施工质量验收标准	TB 10414-2003
84	铁路桥涵工程施工质量验收标准	TB 10415-2003
85	铁路运输通信工程施工质量验收标准	TB 10418-2003
86	铁路信号工程施工质量验收标准	TB 10419-2003
87	铁路电力工程施工质量验收标准	TB 10420-2003
88	铁路电力牵引供电工程施工质量验收标准	TB 10421-2003
89	铁路混凝土与砌体工程施工质量验收标准	TB 10424-2003

序号	标准名称	标准编号
90	城市轨道交通工程项目建设标准	建标104-2008
91	铁路站场工程施工质量验收标准	TB 10423-2003
92	城市轨道交通工程测量规范	GB 50308-2008
93	900/1800MHz TDMA数字蜂窝移动通信网工程验收规范	YD/T 5067-2005
94	电气装置安装工程电缆线路施工及验收规范	GB 50168-2006
95	静力触探	ASTM D3441-98
96	颗粒分析	ASTM D422-63（1998年重新批准）
97	液化判别	ASTM D4318-00
98	密度	ASTM D2937
99	比重试验	ASTM D854-00
100	单轴	ASTM D2216-98
101	剪切	ASTM D3080-98
102	黏性土不固结不排水三轴压缩试验标准试验方法（UU）	ASTM D2850-95（1999年重新批准）
103	黏性土固结不排水三轴压缩试验标准试验方法（CU）	ASTM D4767-95
104	固结	ASTM D2435-96
105	有机含量	ASTM D2974-00
106	渗透系数	ASTM D5084-90（1998年重新批准）
107	湿度试验	ASTM D2166-00
108	建筑基桩检测技术规范	JGJ 106-2003
109	建筑灭火器配置设计规范	GB 50140-2005
110	建筑地基处理处理技术规范	JGJ 79-2002
111	水运工程塑料排水板应用技术规范	JTS 206-1-2009
112	真空预压加固软土地基技术规程	JTS 147-2-2009
113	建筑桩基技术规范	JGJ 94-2008
114	公路钢筋混凝土及预应力混凝土桥涵设计规范	JGJ D62-2004
115	铁路后张法预应力混凝土梁管道压浆技术条件	TB/T 3192-2008
116	预应力混凝土铁路桥简支梁静载弯曲试验方法及评定标准	TB/T 2092-2003
117	建筑基坑支护技术规程	JGJ 120-99
118	标准轨距铁路机车车辆限界	GB 146.1-1983
119	地铁车辆通用技术条件	GB/T 7928-2003
120	外壳防护等级（IP代码）	GB/T 4208-2008
121	城市轨道交通列车噪声限值和测量方法	GB 14892-2006

续表

序号	标准名称	标准编号
122	耐候结构钢	GB/T 4171-2008
123	不锈钢冷轧钢板和钢带	GB/T 3280-2007
124	机车车辆车轮轮缘踏面外形	TB/T 449-2003
125	铁道车辆用LZ50钢车轴及钢坯技术条件	TB/T 2945-1999
126	冷冻机油	GB/T 16630-1996
127	铁道客车空调机组	TB/T 1804-2009
128	机车司机控制器	TB/T 1391-2007
129	轨道交通　机车车辆电子装置	GB/T 25119-2010
130	轨道交通　电磁兼容　第3-2部分：机车车辆设备	GB/T 24338.4-2009
131	轨道交通　电磁兼容　第4部分：信号和通信设备的发射与抗扰度	GB/T 24338.5-2009
132	轨道交通　机车车辆设备　冲击和振动试验	GB/T 21563-2008
133	铁路应用　机车车辆牵引变压器和电抗器	IEC 60310:2004
134	机车车辆用电力变流器　第1部分：特性和试验方法	IEC 61287-1
135	电力牵引　铁路与道路车辆用旋转电机　第2部分：电子变流器供电的交流电机	IEC 60349-2
136	铁路电气设备　列车总线　第1部分：列车通信网络	IEC 61375-1
137	外壳防护等级（IP代码）	IEC 60529
138	铁路车辆用电子设备	IEC 60571
139	绝缘耐热等级评定	IEC 60085
140	铁路应用　机车车辆用电气设备　第1部分：通用工作条件和总则	IEC 60077-1
141	铁路应用　机车车辆用电气设备　第2部分：电工元件一般规则	IEC 60077-2
142	铁路应用　机车车辆用电气设备　第3部分：电工元件直流断路器规则	IEC 60077-3
143	铁路应用　机车车辆用电气设备　第4部分：电工元件交流断路器规则	IEC 60077-4
144	铁路应用　机车车辆用电气设备　第5部分：电工元件HV熔断器规则	IEC 60077-5
145	基于通信的列车控制（CBTC）性能和功能要求	IEEE 1474.1:2004
146	铁路应用　车辆电气设备　开敞式结构电力电阻器规则	IEC 60322
147	客运专线桥梁伸缩装置暂行技术条件	—
148	铁路混凝土桥面防水层技术条件	TB/T 2965-2011
149	碳素钢结构	GB/T 700-2006
150	铁路特殊路基设计规范	TB 10035-2006

序号	标准名称	标准编号
151	公路路基设计规范	JTG D30-2004
152	现浇混凝土大直径管桩复合地基技术规程	JGJ/T 213-2010
153	给水排水管道工程施工及验收规范	GB 50268-2008
154	建筑物电子信息系统防雷技术规范	GB 50343-2004
155	气体灭火系统设计规范	GB 50370-2005
156	供配电系统设计规范	GB 50052-2009
157	低压配电设计规范	GB 50054-1995
158	电子设备控制台的布局、型式和基本尺寸	GBT 7269-2008
169	电力装置的继电保护和自动装置设计规范	GB/T 50062-2008
160	城市道路路缘石	05MR404
161	道路 行驶普通车的柔性路面	93J007-1
162	城市轨道交通自动售检票系统技术条件	GB/T 20907-2007
163	识别卡 无触点的集成电路卡邻近式卡	ISO/IEC 144443.1～144443.4
164	防腐木枕	TB/T 3172-2007
165	43kg/m～75kg/m 钢轨订货技术条件	TB/T 2344-2012
166	43kg/m～75kg/m 钢轨接头夹板订货技术条件	TB/T 2345-2008
167	异型钢轨技术条件	TB/T 3066-2002
168	钢轨焊接 第1部分：通用技术条件	TB/T 1632.1-2005
169	钢轨焊接 第2部分：闪光焊接	TB/T 1632.2-2005
170	钢轨焊接 第3部分：铝热焊接	TB/T 1632.3-2005
171	钢轨焊接 第4部分：气压焊接	TB/T 1632.4-2005
172	室外给水设计标准	GB 50013-2006
173	预应力混凝土枕Ⅰ型、Ⅱ型及Ⅲ型	TB/T 2190-2002
174	声学 户外传播衰减 第1部分：大气声吸收的计算	GB/T 17247.1-2000
175	环境影响评价技术导则 城市轨道交通	HJ 453-2008
176	铁路声屏障工程施工质 量验收标准	TB 10428-2012
177	环境影响评价技术导则 声环境	HJ 2.4-2009
178	钢结构焊接规范	GB 50661-2011
179	低合金高强度结构钢	GB/T 1591-2008
180	热轧H型钢和剖分T型钢	GB/T 11263-2010
181	漆膜耐湿热测定法	GB/T 1740-2007
182	热轧型钢	GB/T 706-2008
183	色漆和清漆 弯曲试验（圆柱轴）	GB/T 6742-2007

续表

序号	标准名称	标准编号
184	色漆和清漆 不含金属颜料的色漆漆膜之20°、60°和85°镜面光泽的检定	GB/T 9754-2007
185	不锈钢热轧等边角钢	GB 4227-84
186	漆膜耐冲击性测定法	GB/T 1732-93
187	色漆和清漆 耐中性盐雾性能的测定	GB/T 1771-2007
188	结构用冷弯空心型钢 尺寸、外形、重量及允许偏差	GB/T 6728-2002
189	色漆和清漆 铅笔法测定漆膜硬度	GB/T 6739-2006
190	色漆和清漆 漆膜的划格试验	GB/T 9286-1998
191	六角头螺栓 C级	GB/T 5780-2000
192	六角螺母 C级	GB/T 41-2000
193	平垫圈 C级	GB/T 95-2002
194	紧固件机械性能 螺栓、螺钉和螺柱	GB/T 3098.1-2010
195	公共信息图形符号 第一部分：通用符号	GB/T 10001.1-2012
196	高锰钢辙叉技术条件	TB/T 447-2004
197	标准轨距铁路道岔技术条件	TB/T 412-2014
198	自动扶梯和自动人行道的制造与安装安全规范	GB 16899-2011
199	电梯制造与安装安全规范	GB 7588-2003
200	电梯技术条件	GB/T 10058-2009
201	工业企业总平面设计规范	GB 50187-2012
202	地沟及盖板	02J331
203	城市轨道交通信号工程施工质量验收规范	GB 50578-2010
204	轨道交通钢铝复合接触轨工程施工质量验收标准	QGD 001-2013
205	屋面工程质量验收规范	GB 50207-2012

伊朗德黑兰地铁采用标准清单　　　　　　　　　　　　　　　　　附表2

序号	标准名称	标准编号
1	铁路应用 机车车辆 车辆组装后和运行前的整车试验	IEC 61133
2	固定导轨运输和有轨客运系统	NFPA 130
3	机车、车辆、动车组和带控制台拖车的司机室布置	UIC 651
4	铁路车辆的防火保护措施	DIN 5510
5	铁路应用 声学 有轨车辆发出的噪声测量	EN ISO 3095
6	车辆防腐及喷涂规范	UIC 842
7	涂覆涂料前钢材表面处理 表面清洁度的目视评定	GB/T 8923（所有部分）
8	机车车辆用热卷螺旋压缩弹簧供货技术条件	TB/T 1025

续表

序号	标准名称	标准编号
9	机车车辆弹簧喷丸技术条件	TB/T 1758
10	铁道车辆车体结构静载荷的试验方法	JIS E7105
11	铁路应用 铁路车辆及部件的焊接	EN 15085
12	客车车辆 拖车转向架 走行装置 转向架构架结构强度试验	UIC 515-4
13	动力装置 转向架和走行装置 转向架构架结构强度试验	UIC 615-4
14	整体车轮的技术验收	UIC 510-5
15	电力牵引设备规则	IEC 77
16	电力牵引 铁路车辆 电力和热力/电力传动的铁路车辆组装后和投入运行前的试验方法	IEC 1133
17	铁路应用 机车车辆用电气设备	IEC 60077

阿斯塔纳轻轨项目采用标准清单 附表3

序号	标准名称	标准编号
1	地铁设计规范	GB 50157-2013
2	城市轨道交通技术规范	GB 50490-2009
3	城市轨道交通工程项目建设标准	建标104-2008
4	地铁限界标准	CJJ 96-2003
5	铁路站场道路和排水设计规范	TB 10066-2000
6	公路路基设计规范	JTG D30-2015
7	公路沥青路面设计规范	JTG D50-2006
8	铁路路基设计规范	TB 10001-2005
9	厂矿道路设计规范	GB J22-87
10	建筑设计防火规范	GB 50016-2014
11	公共建筑节能设计标准	GB 50189-2015
12	建筑工程建筑面积计算规范	GB/T 50353-2013
13	办公建筑设计规范	JGJ 67-2006
14	民用建筑设计通则	GB 50352-2005
15	屋面工程技术规范	GB 50345-2012
16	建筑内部装修设计防火规范	GB 50222-2001
17	无障碍设计规范	GB 50763-2012
18	智能建筑设计标准	GB 50314-2015
19	工业企业总平面设计规范	GB 50187-2012
20	建筑幕墙	GB/T 21086-2007
21	玻璃幕墙工程技术规范	JGJ 102-2013

序号	标准名称	标准编号
22	金属与石材幕墙工程技术规范	JGJ 133-2013
23	宿舍建筑设计规范	JGJ 36-2005
24	饮食建筑设计规范	JGJ 64-89
25	公共信息图形符号　第1部分：通用符号	GB/T 10001.1-2012
26	建筑结构荷载规范	GB 50009-2012
27	铁路钢桥保护涂装及涂料供货技术条件	TB/T 1527-2011
28	焊缝符号表示法	GB/T 324-2008
29	城市道路工程设计规范	CJJ 37-2012
30	混凝土结构设计规范（2015年版）	GB 50010-2010
31	建筑地基基础设计规范	GB 50007-2011
32	建筑桩基技术规范	JGJ 94-2008
33	建筑基桩检测技术规范	JGJ 106-2014
34	钢结构设计规范	GB 50017-2003
35	混凝土结构耐久性设计规范	GB/T 50476-2008
36	建筑结构可靠度设计统一标准	GB 50068-2001
37	混凝土结构施工图平面整体表示方法制图规则和构造详图（现浇混凝土框架、剪力墙、梁、板）	11G101-1
38	混凝土结构施工图平面整体表示方法制图规则和构造详图（现浇混凝土楼板）	11G101-2
39	混凝土结构施工图平面整体表示方法制图规则和构造详图（独立基础、条形基础、筏形基础及桩基承台）	11G101-3
40	建筑基坑工程技术规范	YB 9258-97
41	建筑基坑工程监测技术规范	GB 50497-2009
42	建筑基坑支护技术规程	JGJ 120-2012
43	建筑地基处理技术规范	JGJ 79-2012
44	建筑钢结构焊接技术规程	JGJ 81-2002
45	建筑钢结构防火技术规范	CECS 200：2006
46	砌体结构设计规范	GB 50003-2011
47	门式刚架轻型房屋钢结构技术规程	CECS 102：2012
48	高层建筑混凝土结构技术规程	JGJ 3-2010
49	涂覆涂料前钢材表面处理　表面清洁度的目视评定　第1部分：未涂覆过的钢材表面和全面清除原有涂层后的钢材表面的锈蚀等级和处理等级	GB/T 8923.1-2011
50	地下工程防水技术规范	GB 50108-2008
51	建筑边坡工程技术规范	GB 50330-2013

序号	标准名称	标准编号
52	城市桥梁设计规范	CJJ 11-2011
53	城市人行天桥与人行地道设计技术规范	CJJ 69-95
54	钢结构高强度螺栓连接技术规程	JGJ 82-2011
55	铸钢节点应用技术规程	CECS 235：2008
56	空间网格结构技术规程	JGJ 7-2010
57	钢结构施工图参数表示方法制图规则和构造详图	08SG115-1
58	钢结构工程施工规范	GB 50755-2012
59	冷弯薄壁型钢结构技术规范	GB 50018-2002
60	桥梁球型支座	GB/T 17955-2009
61	铁路桥涵设计基本规范（2010局部修订）	TB 10002.1-2005
62	铁路桥梁钢结构设计规范	TB 10002.2-2005
63	铁路桥涵钢筋混凝土和预应力混凝土结构设计规范（2010局部修订）	TB 10002.3-2005
64	铁路桥涵混凝土和砌体结构设计规范	TB 10002.4-2005
65	铁路桥涵地基和基础设计规范	TB 10002.5-2005
66	铁路混凝土结构耐久性设计规范	TB 10005-2010
67	铁路结合梁设计规定	TBJ 24-89
68	铁路混凝土桥面防水层技术条件	TB/T 2965-2011
69	铁路桥梁钢支座	TB/T 1853-2006
70	铁路工程基桩检测技术规程	TB 10218-2008
71	铁路后张法预应力混凝土梁管道压浆技术条件	TB/T 3192-2008
72	桥梁用结构钢	GB/T 714-2015
73	民用建筑电气设计规范	JGJ 16-2008
74	低压配电设计规范	GB 50054-2011
75	建筑照明设计标准	GB 50034-2013
76	城市轨道交通直流牵引供电系统	GB/T 10411-2005
77	电能质量 供电电压偏差	GB/T 12325-2008
78	地铁杂散电流腐蚀防护技术规程	CJJ 49-92
79	20kV及以下变电所设计规范	GB 50053-2013
80	电能质量公用电网谐波	GB/T 14549-1993
81	电测量及电能计量装置设计技术规程	DLT 5137-2001
82	供配电系统设计规范	GB 50052-2009
83	3～110kV高压配电装置设计规范	GB 50060-2008
84	交流电气装置的接地设计规范	GB/T 50065-2011

序号	标准名称	标准编号
85	电力工程电缆设计规范	GB 50217-2007
86	远动设备及系统　接口（电气特性）	GB/T 16435.1-1996
87	远动设备及系统　第5部分：传输规约　第2篇：链路传输规则	GB/T 18657.2-2002
88	地区电网调度自动化设计技术规程	DLT 5002-2005
89	电力装置的继电保护和自动装置设计规范	GB/T 50062-2008
90	城市轨道交通照明	GB/T 16275-2008
91	室外排水设计规范（2014年版）	GB 50014-2006
92	建筑给水排水设计规范	GB 50015-2009
93	自动喷水灭火系统设计规范（2005年版）	GB 50084-2001
94	建筑灭火器配置设计规范	GB 50140-2005
95	气体灭火系统设计规范	GB 50370-2005
96	消防给水及消火栓系统技术规范	GB 50974-2014
97	声环境质量标准	GB 3096-2008
98	民用建筑供暖通风与空气调节设计规范	GB 50736-2012
99	工业建筑供暖通风与空气调节设计规范	GB 50019-2015
100	自动扶梯和自动人行道的制造与安装安全规范	GB 16899-2011
101	电梯制造与安装安全规范	GB 7588-2003
102	城市轨道交通站台屏蔽门系统技术规范	CJJ 183-2012
103	城市轨道交通通信工程质量验收规范	GB 50382-2006
104	城市轨道交通信号系统通用技术条件	GB/T 12758-2004
105	火灾自动报警系统设计规范	GB 50116-2013

以色列特拉维夫红线轻轨运营维护项目采用标准清单　　附表4

序号	标准名称	标准编号
1	轻轨交通系统的建设与运行	SI 5350
2	灯具：应急照明灯具	SI 20第2部分
3	乘客和货物升降机：电梯	SI 24第1部分
4	升降机：乘客和货物的液压升降机	SI 24第2部分
5	用于建筑物的平板玻璃面板：安全玻璃	SI 938.3
6	建筑环境的可访问性	SI 1918（所有部分）
7	轻轨运输的消防安全	SI 5435(*)
8	自动扶梯建设和安装的安全规则　乘客输送机	BS EN 115
9	铁路应用　固定安装　保护规定	BS EN 50121
10	在电信干扰的情况下的程序　电力设施的安装	DIN VDE 0228

续表

序号	标准名称	标准编号
11	铁路车辆的防火保护措施	DIN 5510
12	铁路车辆 防火性能 材料选择	NFF 16101
13	铁路车辆 防火性能 材料选择 电气设备	NFF 16102
14	铁路车辆 消防安全 处置结构	NFF 16103
15	生命安全规范	NFPA 101
16	固定导轨运输和有轨客运系统	NFPA 130
17	以色列隧道工程标准	—
18	以色列隧道施工标准	—
19	以色列轻轨建设及运营规定	—

莫斯科地铁项目采用标准清单 附表5

序号	标准名称	标准编号
1	地铁	СП 120.13330.2012
2	关于设计文件的章节组成及其内容要求	№ 87 政府令
3	地铁：建筑、设备和列车界限净空	1561 23961−80−1 国家标准 ГОСТ Р 23961−80
4	地铁建筑标准与规则	СНиП 32−02−2003
5	建筑物以及构筑物无障碍可达性	规范 59.13330−2012
6	城规布置以及建设城乡居民点	规范 2.07.01−89
7	莫斯科市设计以及建设标准与规范	规范 1.01−99
8	乘客电梯 技术标准 无障碍可达性	国标 R 51631−2008
9	视力残疾地面触觉标志	国标 R 52875−2007
10	无障碍公用技术信息以及电信工具	国标 R 51671−2000
11	无障碍程序执行要求	规范 35−201−99
12	设计建筑物以及构筑物无障碍可达性	规范 35−101−2001
13	无障碍标志信息显示方式（或工具）	国标 52131−2003
14	总则设计建筑物以及构筑物无障碍可达性	规范 136.13330−2012
15	"建筑施工安全部门标准劳动保护条例"规范汇编	10−08−01−2003N2
16	标准化文件清单	11−01−06−010N2079
17	俄罗斯国家政府命令 21−06−2010N1047−R 国家标准清单	12−21−06−2010N1047−R
18	俄罗斯国家政府第 N 80 号命令：通过建设中的劳动安全规范	23 июля 2001 года N 80
19	建筑物和设施安全技术规程	30 декабря 2009 года N 384−Ф 3

续表

序号	标准名称	标准编号
20	运输工程临时安置点设计和建设	ВСН 199-84
21	锅炉房建设安装作业准备和组织	ВСН 217-8
22	高层住房建设地基建筑施工细则	ВСН-200-83
23	钢筋混凝土结构钢筋件和预埋件的焊接、型号、结构和尺寸	ГОСТ 14098-91
24	建筑钢结构一般技术规范	ГОСТ 23118-99
25	电气安装作业移交验收文件的制作细则	И 1.13-07
26	工艺卡拟定和编写建议方法	МДС 12-29-2006
27	金属瓦屋面施工设计方案	МДС 12-47-2009
28	钢结构安装建议	МДС 53-1-2001
29	装修工作标准、规则和验收的方法建议	МДС 12-30-2006
30	俄罗斯联邦消防安全条例	ППБ_01-03
31	基本建设项目施工、改建和大修时对管理竣工文件人员和程序的要求，以及对工程技术保障网的工程项目、结构和工段检查记录提出的要求	РД-11-02-2006
32	基本建设项目施工、改建和大修时管理完成工程项目一般统计薄和（或）专门统计薄的程序	РД-11-05-2007
33	建筑标准文件系统 俄罗斯联邦境内现行建筑标准文件指南	Система нормативных документов
34	混凝土和钢筋混凝土结构	СНиП 2.03.01-84
35	建筑构件防腐	СНиП 2.03.11-85
36	电气安装规范	СНиП 3.05.06-85
37	建筑安全施工 第二部分 建筑施工	СНиП 12-04-2002
38	砖石结构和配筋砖石结构	СНиП II-22-81
39	钢结构	СНиП II-23-81
40	建筑施工中的生产安全	СНиП 12-03-2001
41	钢结构的生产和质量控制	СП 53-101-98
42	冶金手册	Справочник металлурга
43	建筑工程	СТРОИТЕЛЬСТВО
44	建筑、建筑维修和安装工程的工序检查流程	СХЕМЫ ОПЕРАЦИОННОГО КОНТРОЛЯ КАЧЕСТВА СТРОИТЕЛЬНЫХ, РЕМОНТНО-СТРОИТЕЛЬНЫХ И

埃塞俄比亚轻轨车辆项目标准清单   附表6

序号	标准名称	标准编号
1	质量管理体系　基础和术语	GB/T 19000—2000
2	质量管理体系　要求	GB/T 19001—2000
3	铁路应用　可靠性、可用性、可维修性和安全性（RAMS）的规范和演示	EN 50126：2000
4	地铁设计规范	GB 50157—2013
5	地铁车辆通用技术条件	GB/T 7928—2003
6	地铁限界标准	CJJ 96—2003
7	机械振动和冲击　人体在振动环境下的评估　第4部分　在固定轨道运输系统中乘客和全体人员振动和转动的效果评估指南	ISO 2631-4：2001
8	铁路应用　声学　有轨车辆发出的噪声测量	ISO 3095：1975
9	铁路应用　声学　有轨车辆内部噪声的测量	ISO 3381：1976
10	焊接　焊接结构的通用公差　长度和角度尺寸　形状和位置	ISO 13920：1996
11	铁路车辆内旅客振动舒适性评价准则	UIC 513
12	机车、车辆、动车组和带控制台拖车的司机室布置	UIC 651
13	铁路应用　机车车辆　车辆组装后和运行前的整车试验	IEC 61133
14	铁路应用　车辆设备冲击和振动试验	IEC 61373：1999
15	铁路车辆的防火保护措施　第1部分　防火技术措施和检定	DIN 5510-1：1988
16	铁路车辆的防火保护措施　第4部分　车辆构造的设计、安全技术要求	DIN 5510-4：1988
17	铁路车辆的防火保护措施　第5部分　电气操作部件、安全技术要求	DIN 5510-5：1988
18	铁路车辆的防火保护措施　第6部分　附加措施　紧急闸的功能　信息系统火警信号装置　控制火焰装置　安全技术要求	DIN 5510-6：1988
19	标准轨距铁路机车车辆限界	GB 146.1—1983
20	一般工程用铸造碳钢件	GB/T 11352—2009
21	塑料　用氧指数法测定燃烧行为　第1部分：导则 塑料　用氧指数法测定燃烧行为　第2部分：室温试验	GB/T 2406.1—2008 GB/T 2406.2—2009
22	电声学　声级计	GB/T 3785.1～3785.2—2010
23	铁道车辆动力学性能评定和试验鉴定规范	GB/T 5599—1985
24	建筑材料不燃性试验方法	GB/T 5464—2010
25	城市轨道交通车辆　组装后的检查与试验规则	GB/T 14894—2005
26	铁路机车车辆　涂料及涂装　第3部分：金属和非金属材料表面处理技术条件	TB/T 2879.3—1998
27	铁路机车车辆　涂料及涂装　第5部分：客车和牵引动力车的防护和涂装技术条件	TB/T 2879.5—1998

序号	标准名称	标准编号
28	新造机车车辆焊接技术条件	TB/T 1580–1995
29	铁路应用　铁路车辆车体结构要求	EN 12663: 2000
30	增强的耐大气腐蚀结构钢交货技术条件	EN 10025: 2004
31	耐候结构钢	GB/T 4171–2000
32	不锈钢	EN 10088: 1995
33	铁路车辆用不锈钢材焊接接头　设计方法	JIS E 4049–1990
34	剪切试验点焊和模压凸焊接接头的样品尺寸和规程	JIS Z 3136–1999
35	点焊接头断面试验方法及判定标准	JIS Z 3139–1978
36	室内装饰装修材料　胶粘剂中有害物质限量	GB 18583–2008
37	车辆铆接通用技术条件	TB/T 2911–1998
38	规程505-1～505-4通用基础条件注释及其规定	UIC 505–5
39	铝和铝合金化学成分	EN 573–3: 2003
40	铝和铝合金	EN 755: 1997
41	客车　安全玻璃车窗	UIC 564–1
42	铁路客车或国际联运用同类车辆的防火和消防规则	UIC 564–2
43	运送坐轮椅残疾人用客车的设备标示	UIC 565–3
44	不锈钢棒	GB/T 1220–2007
45	变形铝及铝合金化学成分	GB/T 3190–2008
46	铝合金建筑型材	GB/T 5237(所有部分)–2008
47	铁路车辆用安全玻璃	GB 18045–2000
48	机车、动车前窗玻璃	TB/T 1451–2007
49	城市轨道交通列车噪声限值和测量方法	GB 14892–2006
50	不锈钢冷轧钢板和钢带	GB/T 3280–2007
51	客运列车设计和建造中的防火措施实施规程	BS 6853
52	铁道客车空调机组	TB/T 1804–2009
53	铁道客车空调装置运用试验方法	TB/T 2433–1993
54	制冷和空调设备噪声的测定	JB/T 4330–1999
55	客车车辆　拖车转向架　走行装置　转向架构架结构强度试验	UIC 515–4
56	动力装置　转向架和走行装置　转向架构架结构强度试验	UIC 615–4
57	空气和氮气用简单不受垫压力容器　第3部分：轨道车辆用压缩空气制动设备和气压辅助装置用钢制压力容器	EN 286–3: 1994
58	铁路车辆用转向架设计通则	JIS E 4207–1992
59	铁路车辆用货车车架和转向架承梁静荷载的试验方法	JIS E 4208–1988

序号	标准名称	标准编号
60	压力容器用钢板	GB 6654–1996
61	铁路用辗钢整体车轮	GB/T 8601–1988
62	机车车辆车轮轮缘踏面外形	TB/T 449–2003
63	列车牵引计算规程	TB/T 1407–1998
64	机车轮对组装技术条件	TB/T 1463–2015
65	机车车辆车轴超声波检验	TB/T 1618–2001
66	机车车辆车轴磁粉探伤	TB/T 1619–2010
67	铁道车辆轮对组装技术条件	TB/T 1718–2003
68	车辆车轮与车轴注油压装技术条件	TB/T 2202–1991
69	铁道车辆用辗钢整体车轮技术条件	TB/T 2817–1997
70	铁道车辆空气弹簧	TB/T 2841–2010
71	机车车辆用橡胶弹性元件通用技术条件	TB/T 2843–2015
72	铁道车辆强度设计及试验鉴定规范	TB/T 1335–1996
73	铁道车辆用弹簧装置	JIS E 4206–1989
74	铁路客车音响设备	UIC 568：1995
75	铁路车辆内旅客振动舒适性评价准则	UIC 513
76	铁路应用 绝缘配合 第1部分：基本要求 电工电子设备的电气间隙和爬电距离	EN 50124–1：2001
77	铁路应用 绝缘配合 第2部分：过电压及相关防护	EN 50124–2：2001
78	铁路应用 铁路车辆 与电气危险有关的保护规定	EN 50153：1997
79	铁路应用 铁路车辆用电子设备	EN 50155：1996
80	铁路应用 机车车辆用电力变流器	EN 50207：2001
81	铁路应用 电磁兼容性 第3-2部分：机车、仪器	ENV 50121–3–2
82	外壳防护等级（IP代码）	IEC 60529：2001
83	国际电工词汇（电磁学、接地和雷击、旋转电机、电力变压器和电阻器、开关设备、控制设备和熔断器）	IEC 60050
84	电力变压器	IEC 60076：2000
85	铁路应用 机车车辆用电气设备	IEC 60077
86	绝缘耐热等级评定	IEC 60085：1984
87	电子设备用固定电阻器	IEC 60115：1999
88	高压熔断器	IEC 60282：1994
89	铁路应用 车辆电气设备 开敞式结构电力电阻器规则	IEC 60322：2001
90	铁路应用 机车车辆牵引变压器和电抗器	IEC 60310：1991
91	电子设备用固定电容器	IEC 60384–4

序号	标准名称	标准编号
92	铁路车辆用电子设备	IEC 60571：1998
93	装碱性或其他非酸性电解质的蓄电池和蓄电池组　开口镉镍方形可充电单体电池	IEC 60623：2001
94	半导体器件　分立器件　第9部分：绝缘双极晶体管（IGBTS）	IEC 60747-9：1998
95	铁路应用　牵引系统的供电	IEC 60850：2000
96	额定电压超过600V的交流电力系统用并联电容器　第1部分：总则、性能、试验和额定值安全要求、安装和运行指南	IEC 60871-1：1997
97	低压开关和控制设备	IEC 600947：1995
98	补偿电容器　第1部分：总则	IEC 61071-1：1991
99	机车车辆用电力变流器　第1部分：特性和试验方法	IEC 61287-1：1995
100	机械安全、指示、标志和操作	IEC 61310：1996
101	铁路电气设备　列车总线　第1部分：列车通信网络	IEC 61375-1
102	液晶和固态显示装置	IEC 61747
103	旋转电机　定额和性能	GB 755-2000
104	城市轨道交通直流牵引供电系统	GB/T 10411-2005
105	电子电工产品环境试验　第2部分：试验方法　试验A：低温	GB/T 2423.1-2008
106	电子电工产品环境试验　第2部分：试验方法　试验B：高温	GB/T 2423.2-2008
107	环境试验　第2部分：试验方法　试验Kb：盐雾，交变（氯化钠溶液）	GB/T 2423.18-2012
108	电磁兼容　试验和测量技术	GB/T 17626
109	取自电缆或光缆的材料燃烧时释放出气体的试验方法　第2部分：用测量pH值和电导率来测定气体的酸度	GB/T 17650.2-1998
110	铁路应用　机车车辆电气设备	TB/T 1333（所有部分）
111	铁路机车车辆电缆订货技术条件　第1部分：额定电压3kV及以下电缆	TB/T 1484.1-2001
112	机车电气设备布线规则	TB/T 1507-1993
113	机车电气屏柜技术条件	TB/T 1508-2010
114	铁道客车电气照明技术条件	TB/T 2917-1998
115	电力牵引　轨道机车车辆和公路车辆用旋转电机　第2部分：电子变流器供电的交流电动机	GB/T 25123.2-2010
116	铁道机车车辆电子装置	TB/T 3021-2001
117	机车车辆电气设备电磁兼容性试验及其限值	TB/T 3034-2002
118	铁道车辆金属部件的接地保护	TB/T 2977-2000
119	铁路应用　机车车辆设备　冲击和振动试验	TB/T 3058-2002
120	铁路应用　机车车辆设备　电力电子电容器	TB/T 3075-2003

续表

序号	标准名称	标准编号
121	铁路应用 机车车辆 电气隐患防护的规定	TB/T 3076-2003
122	机械振动 刚性转子的平衡质量要求	ISO 1940
123	MPEG-2编/解码标准 用于DVD、DVB	ISO/IEC 13818
124	机械振动和冲击 人体在振动环境下的评估 第1部分：一般要求	ISO 2631-1：1997
125	10M以太网网络标准	IEEE 802.3
126	100M快速以太网网络标准	IEEE 802.3u
127	家用插接联盟信号传输标准	HomePlug1.0
128	LED显示屏通用规范	SJ/T 11141-2012

伊朗德黑兰地铁车辆项目标准清单　　　　　　　　　　　附表7

序号	标准名称	标准编号
1	质量管理体系 要求	ISO 9001：2008
2	地铁设计规范	GB 50157-2003
3	地铁车辆通用技术条件	GB/T 7928-2003
4	机械振动和冲击 人体在振动环境下的评估 第4部分 在固定轨道运输系统中乘客和全体人员振动和转动的效果评估指南	ISO 2631-4：2001
5	铁路应用 声学 有轨车辆发出的噪声测量	EN ISO 3095：2005
6	铁路应用 声学 有轨车辆内部噪声的测量	ISO 3381：2005
7	机车、车辆、动车组和带控制台拖车的司机室布置	UIC 651
8	铁路应用 机车车辆 车辆组装后和运行前的整车试验	IEC 61133：2006
9	铁路车辆的防火 防火技术措施和检定	DIN 5510-1：1988
10	铁路车辆的防火 材料和构件的燃烧特性和燃烧并发现象分类、要求和测试方法	DIN 5510-2：2009
11	铁路车辆的防火 车辆构造的设计、安全技术要求	DIN 5510-4：1988
12	铁路车辆的防火 电气操作部件、安全技术要求	DIN 5510-5：1988
13	铁路车辆的防火 运行措施 紧急闸的功能 信息系统火警信号装置 控制火焰装置 安全技术要求	DIN 5510-6：1988
14	标准轨距铁路机车车辆限界	GB 146.1-1983
15	铁道机车车辆用碳钢铸件通用技术条件	TB/T 1464-91
16	塑料 用氧指数法测定燃烧行为 第1部分：导则	GB/T 2406.1-2008
17	塑料 用氧指数法测定燃烧行为 第2部分：室温试验	GB/T 2406.2-2009
18	电声学 声级计 第1部分：规范	GB/T 3785.1-2010
19	电声学 声级计 第2部分：型式评价试验	GB/T 3785.2-2010
20	铁道车辆动力学性能评定和试验鉴定规范	GB/T 5599-1985

序号	标准名称	标准编号
21	建筑材料不燃性试验方法	GB/T 5464-2010
22	城市轨道交通车辆　组装后的检查与试验规则	GB/T 14894-2005
23	机械振动　铁路车辆里乘客和乘务员全身振动的测量和分析	ISO 10056: 2001
24	铁路应用　机车车辆用电气设备　第1部分：通用工作条件和总则	IEC 60077-1: 1999
	铁路应用　机车车辆用电气设备　第2部分：电工元件　一般规则	IEC 60077-2: 1999
	铁路应用　机车车辆用电气设备　第3部分：电工元件　直流断路器规则	IEC 60077-3: 2001
	铁路应用　机车车辆用电气设备　第4部分：电工元件　交流断路器规则	IEC 60077-4: 2003
	铁路应用　机车车辆用电气设备　第5部分：电工元件　HV熔断器规则	IEC 60077-5: 2003
25	机械振动和冲击　人体在振动环境下的评估　第1部分：一般要求	ISO 2631-1: 1997
26	铁路车辆内旅客振动舒适性评价准则	UIC 513
27	客运列车设计和建造中的防火措施实施规程	BS 6853: 1999
28	铁路车辆　防火性能　材料选择	NFF 16-101
29	焊工资格鉴定试验　熔焊　第1部分：钢	EN 287-1: 2006
	焊工资格鉴定试验　氧炔焊　第6部分：铸铁	EN 287-6: 2010
30	金属材料焊接工艺规范	DIN EN 288
31	焊缝的无损检验　焊接的磁性粒子检验	EN 1290: 1998
32	铁路应用　轮对和转向架　规定转向架构架结构要求的方法	EN 13749: 2005
33	铁路应用　铁路车辆及部件的焊接	EN 15085: 2007
34	铁路应用　铁路车辆运行特性验收试验　运行试验和静止试验	EN 14363: 2005
35	铁道车辆动力学性能评定和试验鉴定规范	GB/T 5599-1985
36	铁路车辆内旅客振动舒适性评价准则	UIC 513: 1994
37	铁路应用　轮对和转向架　非动力轴　设计方法	EN 13103: 2009
	铁路应用　轮对和转向架　动力轴　设计方法	EN 13104: 2009
38	可锻铸铁管路连接件	GB/T 3287-2011
39	铁路应用　制动　公共交通制动系统	EN 13452
40	压缩空气　第1部分：污染物和纯度等级	ISO 8573-1: 2001
41	制动　制动部件制造规程　车轮防滑装置	UIC 541-05

麦加轻轨项目车辆标准清单 　　　　　附表8

序号	标准名称	标准编号
1	技术制图　投影法 Technical drawings—Projection methods	GB/T 14692–1993
2	技术制图　图纸幅面和格式 Technical drawings—Size and layout of drawing sheets	GB/T 14689–1993
3	标准轨距铁路机车车辆限界 Rolling stock gauge for standard gauge railways	GB 146.1–1983
4	铁路车辆用安全玻璃 Safety glass for railway rolling stock	GB 18045–2000
5	铁路应用　机车车辆　车辆组装后和运行前的整车试验 Railways applications—Rolling stock—Testing of rolling stock on completion of construction and before entry into service	IEC 61133
6	环境条件分类 Classification of environmental conditions	IEC 60721：2002
7	铁路车辆内旅客振动舒适性评价准则 Related guide for assessment of passenger comfortable during railway rolling stock vibration	UIC 513：1994
8	铁路应用　通信、信号和处理系统　铁路控制和防护系统软件 Railway applications—Communications signaling, and processing systems—Software of control and protection system	EN 50128
9	质量管理　质量计划准则 Quality management—Guidelines for the quality plans	ISO 10005
10	质量管理　配置准则 Quality management—Guidelines for configuration	ISO 10007
11	质量体系　设计、开发、生产、安装及维修中的质量保证模型 Quality systems—Model for quality assurance in design, development, production, installation and servicing	ISO 9001
12	铁路应用　可靠性、可用性、可维护性和安全性（RAMS）的规范和演示　第1部分：基本要求和通用过程 Railways applications—The Specification and demonstration of dependability, reliability, availability, maintainability and safety—Part1: Basic requirements and generic process	EN 50126–1
13	机车、车辆、动车组和带控制台拖车的司机室布置 Layout on driver's cabs in locomotives, railcars, multiple-unit and driver trailer	UIC 651

序号	标准名称	标准编号
14	铁路车辆的防火保护措施 Preventive fire protection in railway vehicles	DIN 5510
15	国际联运用机车(动车)的动态限界 Dynamic clearance of international mutiple-operation rolling stock	UIC 505
16	铁路应用　声学　有轨车辆内部噪声的测量 Railway applications—Acoustics—Measurement of noise inside rail bound vehicles	ISO 3381
17	铁路应用　声学　有轨车辆发出的噪声测量 Railway applications—Acoustics—Measurement of noise emitted by rail bound vehicles	EN ISO 3095
18	铁路车辆车体结构强度试验方法 Structure strength test method of railway vehicle carbody	EN 12263
19	铁路应用　车辆设备冲击和振动试验 Railway applications—Impact and vibration test	IEC 61373
20	有轨车辆用材料　铝和铝合金 Railroad car material—Aluminum and Aluminum Alloy	DIN 5513
21	焊工资格鉴定试验　熔焊　第1部分：钢 Qualification test of welders—Fusion welding—Part 1: Steels	EN 287-1
22	焊工资格鉴定试验　熔焊　第2部分：铝 Qualification test of welders—Fusion welding—Part 1: Aluminum	EN 287-2
23	铁路应用　铁路车辆车体结构要求 Railway applications—Structural requirements of railway vehicle bodies	EN 12663:2000
24	铁路应用　铁路车辆车体防撞性要求 Railway applications—Crashworthiness requirements for railway vehicles bodies	EN 15227:2008
25	铝和铝合金材料的一般机械性能 General mechanical performance of aluminum and aluminum alloy material	EN 485-2
26	铝和铝合金　棒材、管材、挤压型材的机械性能 Aluminium and aluminium alloy—Mechanical performance of stick profile、pipe profile and extrusion profile	EN 755-2
27	车体铝材料 Aluminium material for carbody	DIN 1725
28	铁路应用　电磁兼容性　第1部分：总则 Railway applications—Electromagnetic compatibility—Part 1: General	EN 50121-1：2006

序号	标准名称	标准编号
29	铁路应用 电磁兼容性 第3-1部分：铁路车辆 列车和整车 Railway applications—Electromagnetic compatibility—Part 3-1: Rolling stock—Train and complete vehicle	EN 50121-3-1：2006
30	铁路应用 电磁兼容性 铁路车辆 设备 Railway applications—Electromagnetic compatibility—Part 3-2: Rolling Stock—Apparatus	EN 50121-3-2:2006
31	铁路应用 公共交通中铁路车辆的电气照明 Railway applications—Electrical lighting for rolling stock in public transport	EN 13272:2001
32	铁路应用 机车车辆用电力变流器 Railway applications—Power supply converter of rolling stock	EN 50207
33	可编程控制器 Programmable controllers	IEC 61131-5
34	铁路应用 铁路车辆 第1部分：逆变器供电的交流电动机及其控制系统综合测试 Railway applications—Rolling stock—Part 1: Combined testing of inverter-fed alternating current motors and their control system 铁路应用 铁路车辆 综合测试 第2部分：斩波馈电式直流牵引电机及其控制装置 Railway applications—Rolling stock—Combined testing—Part 2: Chopper-fed direct current traction motors and their control 铁路应用 铁路车辆 第3部分：由间接变流器供电的交流电机及其控制系统综合测试 Railway applications—Rolling stock—Part 3: Combined testing of alternating current motors, fed by an indirect convertor, and their control system	IEC 61377
35	电力牵引 铁路与道路车辆用旋转电机 Electric traction—Rotating electrical machines for rail and road vehicles	IEC 60349-1～60349-3
36	铁路应用 铁路车辆 受电弓 特性及试验 第2部分：地铁和轻轨用受电弓 Railway applications—Rolling stock—Pantographs—Characteristics and tests—Part 2: Pantographs for metros and light rail	IEC 60494-2
37	外壳防护等级（IP代码） Degrees of protection provided by enclosures (IP code)	IEC 60529
38	铁路车辆用电子设备 Electronic equipment used on rail vehicles	IEC 60571

序号	标准名称	标准编号
39	铁路应用　机车车辆用电气设备 Railway applications—Electric equipment for rolling stock	IEC 60077
40	铁路应用　牵引系统供电 Railway applications—Supply voltages of traction systems	IEC 60850：2007
41	铁路应用　通信、信号和处理系统　铁路控制和防护系统软件 Railway applications—Communications signaling, and processing systems—Software for railway control and protection systems	EN 50128：2001
42	铁路应用　通信、信号和处理系统　信号安全相关的电子系统 Railway applications—Communication signaling, and processing systems—Safety related electronic systems for signaling	EN 50129：2003
43	铁路应用　铁路车辆用电子设备 Railways applications—Electronic equipment used in rolling stock	EN 50155
44	铁路应用　通信、信号和处理系统 Railway applications—Communications, signaling and processing systems	EN 50159
45	铁路应用　牵引系统的电源电压 Railways application—Supply voltages of traction systems.	EN 50163
46	铁路应用　铁路车辆车载功率变换器　特性和试验方法 Railway applications—Power convertors installed on board rolling stock—Characteristics and test methods	EN 61287-1
47	声音系统设备　第16部分：语音传输指数对语音清晰度的客观评定 Acoustics system and equipments—Part 16: Objective rating of speech intelligibility by speech transmission index	IEC 60268-16
48	铁路客车音响设备 Acoustics system and equipments for the railway vehicles	UIC 568
49	铁路应用　电磁兼容性（EMC） Railways application—Electromagnetic compatibility	IEC 61000
50	铁路电气设备　列车总线　第1部分　列车通信网络	IEC 61375-1
51	铁路应用　机车车辆牵引变压器和电抗器 Railway applications—Traction transformers and inductors on board rolling stock	IEC 60310
52	铁路应用　车辆电气设备　开敞式结构电力电阻器规则 Railway applications—Electric equipment for rolling stock—Rules for power resistors of open construction	IEC 60322
53	电力牵引　铁路与道路车辆用旋转电机　第2部分：电子变流器供电的交流电机	IEC 60349-2

序号	标准名称	标准编号
54	客车车辆　拖车转向架　走行装置 Passenger rolling stock—Trailer bogies—Running gear	UIC 515-0
55	从铁路车辆动态特性、安全、轨道疲劳及乘坐舒适性角度对其进行测试和批准 Testing and approval of railways vehicles from the point of view of their Dynamic behavior—Safety—Track fatigue—Ride quality	UIC 518:2005
56	动力装置　转向架和走行装置　转向架构架结构强度试验 Motive power units—Bogies and running gear—Bogie frame structure strength test	UIC 615-4:2003
57	车轮轮缘踏面的建议 Recommendation of wheel flange tread	UIC/ORE S1002
58	动车和拖车轮对供货技术规范　公差和组装 Motor car and trailer car provide the technical specification of wheel sets—Tolerance and assemble	UIC 813: 2003
59	铁路应用　轮对和转向架　非动力轴　设计方法 Railway applications—Wheelsets and bogies—Non-powered axles—Design method	EN 13103:2001
60	铁路应用　轮对和转向架　动力轴　设计方法 Railway applications—Wheelsets and bogies—Powered axles—Design method	EN 13104: 2001
61	铁路机车车辆用非合金钢碾钢整体车轮供货技术条件 Supply technical specification of non-alloy grind steel whole wheel sets	UIC 812-3
62	金属材料焊接工艺规范 Welding technics criterion for metal materials	EN 288
63	铁路应用　制动　公共交通制动系统　性能要求 Railway applications—Braking—Mass transit brake systems—Performances requirements	EN 13452-1
64	铁路应用　制动　公共交通制动系统　试验方法 Railway applications—Braking—Mass transit brake systems—Methods of test	EN 13452-2：2003
65	铁路应用　城市轨道交通车辆用空调　第1部分：舒适度参数 Railway applications—Air conditioning for urban and suburban rolling stock—Part 1: Comfort parameters	EN 14750-1：2006

中国香港地铁市区线车辆项目基础标准清单　　　　　附表9-1

序号	标准名称	标准编号
1	产品设计文件编写的一般规定	Q/SF 00-002-2011
2	产品图样及设计文件的完整性	Q/SF 00-003-2004
3	产品图样及设计文件标准化审查	Q/SF 00-004-2004
4	产品图样　格式	Q/SF 00-005-2015
5	技术制图规则	Q/SF 00-006-2015
6	技术条件（协议）编制指南	Q/SF 00-009-2014
7	试验大纲　试验报告编制指南	Q/SF 00-026-2009
8	产品图样编号办法	Q/SF 01-021-2007
9	轨道交通车辆常用紧固件	Q/SF 09-001-2013
10	轨道交通车辆常用金属材料	Q/SF 09-002-2006
11	国内外金属材料牌号对照	Q/SF 09-003-2006
12	轨道交通车辆常用非金属材料	Q/SF 09-004-2007

中国香港地铁市区线车辆项目技术标准清单　　　　　附表9-2

序号	标准名称	标准编号
1	直动式指示模拟电气测量仪器及其附件	IEC 60051-1～60051-9
2	铁路应用　机车车辆用电气设备　第1部分：通用工作条件和总则	IEC 60077-1：1999
3	铁路应用　机车车辆用电气设备　第2部分：电工元件　一般规则	IEC 60077-2：1999
4	铁路应用　机车车辆用电气设备　第3部分：电工元件　直流断路器规则	IEC 60077-3：2001
5	铁路应用　机车车辆用电气设备　第4部分：电工元件　交流断路器规则	IEC 60077-4：2003
6	铁路应用　机车车辆用电气设备　第5部分：电工元件　HV熔断器规则	IEC 60077-5：2003
7	避雷器　第4部分：交流电系统用无间隙金属氧化物避雷器	IEC 60099-4：2006
8	低压熔断器　第1部分：一般要求	IEC 60269-1：2006
9	低压熔断器　第2部分：授权人士使用的熔断器增补要求（主要用于工业用途的熔断器）熔断器A至I的标准化系统示例	IEC 60269-2：2006
10	工业用插头、插座和耦合器　第1部分：一般要求	IEC 60309-1：2005
11	铁路应用　车辆电气设备　开敞式结构电力电阻器规则	IEC 60322：2001
12	电力牵引　铁路与道路车辆用旋转电机　第1部分：除电子变流器供电的交流电机外的旋转电机	IEC 60349-1：2010

序号	标准名称	标准编号
13	电力牵引 铁路与道路车辆用旋转电机 第2部分：电子变流器供电的交流电机	IEC 60349-2：2010
14	铁路应用 铁路车辆 受电弓 特征和试验 第2部分：地铁和轻轨用受电弓	IEC 60494-2：2002
15	外壳防护等级（IP代码）	IEC 60529：2001
16	铁路车辆用电子设备	IEC 60571：2006
17	装碱性或其他非酸性电解质的蓄电池和蓄电池组 开口镉镍方形可充电单体电池	IEC 60623：2001
18	电缆和光缆的绝缘和护套材料通用试验方法 第1-1部分：通用方法 厚度和总尺寸测量 测定机械性能的试验	IEC 60811-1-1：2001
19	电缆和光缆的绝缘和护套材料通用试验方法 第1部分：通用方法 第2节：热老化方法	IEC 60811-1-2：1985
20	电缆和光缆的绝缘和护套材料通用试验方法 第1-3部分：通用方法 密度测定方法 吸水试验 收缩试验	IEC 60811-1-3：2001
21	电缆和光缆的绝缘和护套材料通用试验方法 第1部分：一通用方法 第4节：低温试验	IEC 60811-1-4：1985
22	低压开关设备和控制装置 第1部分：一般规则	IEC 60947-1：2007
23	低压开关设备和控制装置 第2部分：断路器	IEC 60947-2：2001
24	接触电流和保护导体电流的测量方法	IEC 60990：1999
25	开口镉镍电池用电解液	IEC 60993：1989
26	电磁兼容性（EMC） 第4-1部分：试验与测量技术 IEC 61000-4系列概述	IEC 61000-4-1：2006
27	电磁兼容性（EMC） 第4-2部分：试验与测量技术 静电放电抗扰度试验	IEC 61000-4-2：2001
28	电磁兼容性（EMC） 第4-3部分：试验与测量技术 射频电磁场辐射抗扰度试验	IEC 61000-4-3：2006
29	电磁兼容性（EMC） 第4-4部分：试验与测量技术 电快速瞬变/脉冲抗扰度试验	IEC 61000-4-4：2004
30	电磁兼容性（EMC） 第4-5部分：试验与测量技术 电涌抗扰试验	IEC 61000-4-5：2005
31	电磁兼容性（EMC） 第4-6部分：试验与测量技术 射频场感应的传导干扰抗扰度	IEC 61000-4-6：2006
32	电磁兼容性（EMC） 第4-8部分：试验与测量技术 工频磁场抗扰度试验	IEC 61000-4-8：2001
33	电工技术文件编制 第1部分：规则	IEC 61082-1：2006
34	铁路应用 机车车辆 车辆组装后和运行前的整车试验	IEC 61133：2006
35	机车车辆用电力变流器 第1部分：特性和试验方法	IEC 61287-1：2005

序号	标准名称	标准编号
36	机车车辆用电力变流器　第2部分：附加技术信息	IEC 61287-2：2001
37	铁路应用　铁路车辆　第1部分：逆变器供电的交流电动机及其控制系统综合测试	IEC 61377-1：2006
38	电气/电子/可编程电子安全相关系统的功能安全　第0部分：功能安全性和IEC 61508	IEC TR 61508-0：2005
39	电气/电子/可编程电子安全相关系统的功能安全　第1部分：一般要求	IEC 61508-1：1998
40	电气/电子/可编程电子安全相关系统的功能安全　第2部分：电气/电子/可编程电子安全相关系统的要求	IEC 61508-2：2000
41	电气/电子/可编程电子安全相关系统的功能安全　第3部分：软件要求	IEC 61508-3：1998
42	电气/电子/可编程电子安全相关系统的功能安全　第4部分：术语和缩略语	IEC 61508-4：1998
43	电气/电子/可编程电子安全相关系统的功能安全　第5部分：安全完整性等级的测定方法示例	IEC 61508-5：1998
44	电气/电子/可编程电子安全相关系统的功能安全　第6部分：IEC 61508-2和IEC 61508-3的应用指南	IEC 61508-6：2000
45	电气/电子/可编程电子安全相关系统的功能安全　第7部分：技术和对策概述	IEC 61508-7：2000
46	机械振动和冲击　人体在振动环境下的评估	ISO 2631
47	对火反应试验　热释放率、发烟率和质量损失率　第1部分：放热率（锥形量热议法）	ISO 5660-1:2002
48	压缩空气干燥器　规格和测试	ISO 7183：1986
49	压缩空气干燥器　第2部分：性能能级	ISO 7183-2:1996
50	信息技术　开放式系统互连　基本参考模型：基本模型	ISO/IEC 7498-1：1994（1996更新）
51	质量管理和质量保证标准	ISO 9000（所有部分）
52	质量管理体系　要求	ISO 9001：2000
53	信息技术　开放式系统互连　一致性测试方法和框架　第1部分：一般概念	ISO 9646-1：1996
54	环境管理体系　要求及使用指南	ISO 14001：2004
55	环境管理体系　原则、体系与支持技术指南	ISO 14004：2004
56	软件工程　将ISO 9001：2000应用于计算机软件的指南	ISO/IEC 90003：2004
57	铁路规范	BS 11：1985
58	建筑材料和结构的燃烧试验　第4部分：材料的不可燃性试验	BS 476-4：1970
59	建筑材料和结构的燃烧试验　第6部分：制品火焰传播的试验方法	BS 476-6：1989

序号	标准名称	标准编号
60	建筑材料和结构的燃烧试验　第7部分：测定制品火焰表面蔓延分类的试验方法	BS 476-7：1997
61	建筑材料和结构的燃烧试验　第20部分：建筑构件耐火的测定方法（一般原理）	BS 476-20：1987
62	建筑材料和结构的燃烧试验　第22部分：非承重构件耐火的测定方法	BS 476-22：1987
63	一般用途风扇　第1部分：用标准化风道进行性能试验	BS 848-1：1997
64	陆路运输用安全玻璃规范	BS 857：1967
65	13A插头、电源插座、适配器和连接装置　第2部分：13A开关和无开关插座规范	BS 1363-2：1995
66	酚醛叠层板材与环氧树脂棉纤维叠层板材规范	BS 2572：1995
67	电力牵引设备规范	BS 2618：1975
68	铁路制动管规范　第1部分：压缩空气制动管规范	BS 3682-1：1994
69	ISO米制精密六角螺栓、螺钉和螺母规范	BS 3692：2014
70	模拟显示仪表的刻度与指针设计推荐方法	BS 3693：1992
71	涂料的试验方法　第E7部分：抗冲击性（落球试验）	BS 3900-E7：1974
72	自攻螺钉及金属传动螺钉规范	BS 4174：1972
73	机用螺钉和螺母规范　米制系列	BS 4183：1967
74	电气装置用ISO米制螺纹钢导管及接头规范	BS 4568-1:1970
75	仪表电缆	BS 5308：1986
76	宽频带配电系统的同轴电缆	BS 5425：1986
77	工业用低压开关设备和控制装置规范　安装围栏　终端块固定用G形型材	BS 5825：1991
78	绝缘电缆的导体规范	BS 6360：1991
79	电缆绝缘和护套	BS 6469：1990
80	电缆　家庭、办公室和类似环境用的装置和设备使用的额定电压在300/500V以下的柔性电缆	BS 6500：2000
81	客运列车设计与建造中的防火措施实施规程	BS 6853：1999
82	钢产品的疲劳设计和评估指南	BS 7608：2014
83	电气设备要求　IEE布线规则（第16版）	BS 7671：2001
84	铝结构使用　第1部分：设计实施规程	BS 8118-1：1991
85	电子元器件质量评定体系的一般要求	BS 9000-1～9000-3：1996

序号	标准名称	标准编号
86	直流和低频设备用多触点圆形电气连接器详细规范　无隔板密封、带后面可拆卸耐环境影响、后部可更换皱纹触点及隔板密封、带后部可更换焊接触点形式的卡口连接器　全面附加机体配件评估	BS 9522 N 0003：1990
87	动车喷涂试验方法　第15部分：抗剥蚀性	BS AU 148-15：1969
88	铁路车辆空气制动和辅助气动设备用钢制压力容器	BS EN 286-3：1995
89	焊工资格鉴定试验　熔焊　第1部分：钢	BS EN 287-1：2004
90	无损检验　无损检验（NDT）人员鉴定和认证　一般原则	BS EN 473：2000
91	无损检验　渗透检验　第1部分：一般原则	BS EN 571-1：1997
92	一般通风用空气颗粒过滤器　过滤性能测定	BS EN 779：2002
93	熔焊点无损检验　外观检查	BS EN 970：1997
94	焊接　金属材料焊接用推荐规程　第1部分：弧焊用一般指南	BS EN 1011-1：2009
95	焊接　金属材料焊接用推荐规程　第2部分：铁素体钢电弧焊接	BS EN 1011-2：2001
96	焊接　金属材料焊接用推荐规程　第3部分：不锈钢电弧焊接	BS EN 1011-3：2000
97	焊接　金属材料焊接用推荐规程　第4部分：铝及铝合金电弧焊接	BS EN 1011-4：2000
98	焊接的无损检验　焊接的超声波探检验　验收等级	BS EN 1289：1998
99	焊缝的无损检验　焊接的磁性粒子检验	BS EN 1290：1998
100	焊接的无损检验　焊接的磁粉检验　验收等级	BS EN 1291：1998
101	焊接操作人员　金属材料全机械化焊接和自动焊接用的熔焊和电阻焊定位器的焊接操作人员批准试验	BS EN 1418：1998
102	焊缝的无损检验　焊接接头的放射性试验	BS EN 1435：1997
103	焊缝的无损检验　焊接点的超声波检验　验收等级	BS EN 1712：1997
104	焊缝的无损检验　焊接点的超声波检验	BS EN 1714：1998
105	压力无缝钢管　交货技术条件　第5部分：不锈钢管	BS EN 10216-5：2004
106	焊接无损检测　金属材料总则	BS EN 12062：1998
107	铁路应用　轴箱　性能试验	BS EN 12082：1998
108	铜和铜合金　普通无缝圆管	BS EN 12449：1999
109	焊缝的无损检验　第1部分：用放射线照相术评定钢、镍、钛及其合金的焊接接缝　验收等级	BS EN 12517-1：2006
110	铁路应用　轮对和转向架　非动力轴　设计方法	BS EN 13103：2001
111	铁路应用　轮对和转向架　动力轴　设计方法	BS EN 13104：2001
112	铁路应用　轮对和转向架　轮对　产品要求	BS EN 13260：2003
113	铁路应用　轮对和转向架　车轴　产品要求	BS EN 13261：2003

序号	标准名称	标准编号
114	铁路应用 轮对和转向架 车轮 产品要求	BS EN 13262：2004
115	铁路应用 轮对和转向架 整轮 技术验收程序 第1部分：锻制和轧制轮	BS EN 13979-1：2003
116	铁路应用 车辆侧门系统	BS EN 14752：2005
117	铁路应用 铁路车辆车体防撞性要求	BS EN 15227：2009
118	有源植入式医疗器械 第2-1部分：用于治疗缓慢性心律失常的有源植入式医疗器械（心脏起搏器）的特殊要求	BS EN 45502-2-1：2003
119	铁路应用 铁路车辆防火	BS EN 45545：2013
120	电气装置用电缆干线系统和电缆管道系统 第1部分：一般要求	BS EN 50085-1：2005
121	同轴电缆 第1部分：通用规范	BS EN 50117-1：2002
122	铁路应用 电磁兼容性 第1部分：总则	BS EN 50121-1：2006
123	铁路应用 电磁兼容性 第3-1部分：铁路车辆 列车和整车	BS EN 50121-3-1：2006
124	铁路应用 电磁兼容性 第3-2部分：铁路车辆 仪表	BS EN 50121-3-2：2006
125	铁路应用 电磁兼容性 第4部分：信号和电信仪器的发射和抗扰度	BS EN 50121-4：2006
126	铁路应用 通信、信号和处理系统 铁路控制和防护系统软件	BS EN 50128：2011
127	铁路应用 通信、信号和处理系统 信号安全相关的电子系统	BS EN 50129：2003
128	铁路应用 铁路车辆 与电气危险有关的保护规定	BS EN 50153：2002
129	铁路应用 铁路车辆用电子设备	BS EN 50155：2007
130	紧急线路用非保护型小电缆的耐火性试验方法	BS EN 50200：2006
131	在着火条件下电缆的一般试验方法 分布在垂直安装的胶合线或电缆四周的垂直火焰试验 第1部分：仪器	BS EN 50266-1：2001
132	在着火条件下电缆的一般试验方法 分布在垂直安装的胶合线或电缆四周的垂直火焰试验 2-1部分：程序 类别A F/R	BS EN 50266-2-1：2001
133	在着火条件下电缆的一般试验方法 分布在垂直安装的胶合线或电缆四周的垂直火焰试验 2-2部分：程序 类别A	BS EN 50266-2-2：2001
134	在着火条件下电缆的一般试验方法 分布在垂直安装的胶合线或电缆四周的垂直火焰试验 2-3部分：程序 类别B	BS EN 50266-2-3：2001
135	在着火条件下电缆的一般试验方法 分布在垂直安装的胶合线或电缆四周的垂直火焰试验 2-4部分：程序 类别C	BS EN 50266-2-4：2001

序号	标准名称	标准编号
136	在着火条件下电缆的一般试验方法 分布在垂直安装的胶合线或电缆四周的垂直火焰试验 2-5部分：程序 尺寸较小电缆 类别D	BS EN 50266-2-5：2001
137	工业、科学和医疗（ISM）射频设备 电磁干扰特征 极限值和测量方法	BS EN 55011：2007
138	灯头、灯座及检验其安全性和互换性的量规规范 第1部分：灯头	BS EN 60061-1：1997
139	人机接口、标记和识别用基本原理和安全性 指示器和启动器的编码原则	BS EN 60073：2002
140	双端荧光灯 性能规范	BS EN 60081：1998
141	铁路应用 铁路车辆上的牵引变压器和电感器	BS EN 60310：2004
142	人机接口、标记和识别的基本和安全总则 工作总则	BS EN 60447：2004
143	隔离罩（IP规范）提供的防护等级规范	BS EN 60529：1992
144	电磁兼容性（EMC） 第6-2部分：通用标准 工业环境的抗扰度	BS EN 61000-6-2：2005
145	电磁兼容性（EMC） 第6-4部分：通用标准 工业环境用发射标准	BS EN 61000-6-4：2007
146	电缆管理用导管系统 第1部分：一般要求	BS EN 61386-1：2008
147	互连结构件的材料 第2-7部分：包层和非包层加强的基体材料 铜包层的环氧化物编织的E-玻璃叠层薄板材（垂直燃烧试验）	BS EN 61249-2-7：2002
148	铁路应用 机车车辆设备 冲击和振动试验	BS EN 61373：2010
149	纺织品 色牢度试验 A01部分：试验一般原则	BS EN ISO 105-A01:1996
150	开口销	BS EN ISO 1234：1998
151	涂料的试验方法 E2部分：刮痕试验	BS EN ISO 1518-E2：2001
152	涂料和清漆 杯突试验	BS EN ISO 1520：2007
153	机械振动 刚性转子的平衡质量要求 第1部分：平衡公差的规范和校验	BS ISO 1940-1：2003
154	通用扭矩型钢制六角螺母 机械和性能要求	BS EN ISO 2320：2008
155	涂料和清漆 划格试验	BS EN ISO 2409：2013

序号	标准名称	标准编号
156	软质泡沫聚合物材料 硬度的测定（压痕技术）	BS EN ISO 2439：2001
157	涂料和清漆 非金属漆膜在20°、60°和85°镜面光泽的测量	BS EN ISO 2813：2000
158	铁路应用 声学 有轨车辆发出的噪声测量	EN ISO 3095：2005
159	铁路应用 声学 有轨车辆内部噪声的测量	BS EN ISO 3381：2005
160	几何产品规范 表面结构 轮廓法 术语、定义和表面结构参数	BS EN ISO 4287：2000
161	几何产品规范 表面结构 轮廓法 评定表面结构的规则和方法	BS EN ISO 4288：1998
162	塑料 通过氧指数测定其燃烧性 第2部分：室温试验	BS EN ISO 4589-2：1999
163	塑料 通过氧指数测定其燃烧性 第3部分：高温试验	BS EN ISO 4589-3：1996
164	焊接 钢、镍、钛和其合金的熔焊接头（束焊除外）缺陷的质量等级	BS EN ISO 5817：2003
165	工作系统设计的人类工效学原则	BS EN ISO 6385：2004
166	涂料和清漆 弯曲试验（锥形心轴）	BS EN ISO 6860：2007
167	图形符号 安全色和安全标志 已注册安全标志	BS EN ISO 7010：2012
168	常用扭矩式全金属六角螺母 性能等级5、8、10和12	BS EN ISO 7042：2013
169	扭矩型全金属六角螺母 1型 性能等级5、8和10	BS EN ISO 7719：2013
170	地板覆盖物对火反应试验 第1部分：使用辐射热源的燃烧性能测定	BS EN ISO 9239-1：2002
171	焊工的认可试验 熔焊 第2部分：铝和铝合金	BS EN ISO 9606-2：2004
172	焊接 铝和铝合金弧焊接头 缺陷质量分级	BS EN ISO 10042：2006
173	有关脑力劳动负荷的人类工效学原理 第2部分：设计原理	BS EN ISO 10075-2：2000
174	纺织品 用马丁代尔（Martindale）法对织物抗磨损性的测定 第1部分：马丁代尔耐磨试验装置	BS EN ISO 12947-1：1999

序号	标准名称	标准编号
175	纺织品　用马丁代尔（Martindale）法对织物抗磨损性的测定　第2部分：试样破损测定	BS EN ISO 12947-2：1999
176	纺织品　用马丁代尔（Martindale）法对织物抗磨损性的测定　第3部分：质量损失测定	BS EN ISO 12947-3：1999
177	纺织品　用马丁代尔（Martindale）法对织物抗磨损性的测定　第4部分：外观变化评定	BS EN ISO 12947-4：1999
178	纺织品　织物拉伸特性　第1部分：用条样法测定断裂强力和断裂伸长率	BS EN ISO 13934-1：1999
179	纺织品　纤维胀破特性　第1部分：胀破强度和胀破膨胀测定的液压方法	BS EN ISO 13938-1：1999
180	纺织品　纤维胀破特性　第2部分：胀破强度和胀破膨胀测定的气动方法	BS EN ISO 13938-2：1999
181	金属材料焊接程序规范和合格鉴定　总则	BS EN ISO 15607：2003
182	金属材料焊接程序规范和合格鉴定　焊接程序规范　第1部分：电弧焊	BS EN ISO 15609-1：2004
183	金属材料焊接程序规范和合格鉴定　焊接程序规范　第2部分：气焊	BS EN ISO 15609-2：2001
184	金属材料焊接程序规范和合格鉴定　焊接程序规范　第5部分：电阻焊接	BS EN ISO 15609-5：2011
185	金属材料焊接工艺规范和鉴定　焊接工艺试验　第1部分：钢弧焊和气焊、镍及镍合金的弧焊	BS EN ISO 15614-1：2004
186	金属材料焊接工艺规范和鉴定　焊接工艺试验　第2部分：铝及其合金的电弧焊	BS EN ISO 15614-2：2005
187	金属材料焊接工艺规范和鉴定　焊接工艺试验　第12部分：点焊、缝焊和凸焊	BS EN ISO 15614-12：2014
188	由计算机和商业设备产生的噪声测量和表示方法	ANSI S12.10：1985
189	牵引及车辆用电子设备的EMC技术指南	RIA 22：1990
190	钢化安全玻璃板制背部通风、非承重的建筑物外墙　要求和检验	DIN 18516-4：1990
191	燃烧特性试验　对高温分解和燃气的分析　管式蒸馏法	NF X 70-100：1986
192	铁路固定设备　数据处理　点对点双向串行异步传输程序	NF F 72-010：1991
193	设备用绝缘电缆和软线　特殊条件下使用的电缆和软线的试验方法	NF C 32-021：1985
194	绕接电线	NF C 93-522：1982
195	座车车体及其构件的荷载	UIC ORE B106：1971 RP2 1980
196	客车车辆　拖车转向架　走行装置　转向架构架结构强度试验	UIC 515-4：1993
197	制动　制动部件制造规程　车轮防滑装置	UIC 541-05：2005

续表

序号	标准名称	标准编号
198	适合于54kg/m和60kg/m轨道断面尺寸的尖轨标准断面尺寸	UIC 861-3：1969
199	用泰伯磨耗试验仪测定有机涂层耐磨性的标准试验方法	ASTM D4060：2007
200	可维护性校验/演示/评估	MIL STD-471
201	国防部设计标准：人体工程学	MIL STD-1472
202	可靠性增长管理	MIL HDBK-189
203	人体工程学设计指导手册	MIL HDBK-759
204	工程研制、鉴定和生产的可靠性试验方法、方案和环境手册	MIL HDBK-781

澳大利亚标准 附表10-1

序号	标准名称	标准编号
1	道路和公共场所照明 行人专用区（P类）照明 性能和设计要求	AS／NZS 158.3.1
2	设计访问和移动性 第2部分：增强和额外要求 建筑物和设施	AS 1428.2
3	火灾探测、警告、控制和对讲系统 系统设计、安装和调试 用于紧急情况的声音系统和对讲系统	AS 1670.4
4	地面车辆的安全玻璃	AS 2080
5	声学 铁路车辆噪声测量方法	AS 2377
6	消防栓安装 系统设计、安装和调试	AS 2419.1
7	固定式消防装置 泵组系统	AS 2941
8	电气安装（称为澳大利亚/新西兰接线规则）	AS／NZS 3000
9	管道和排水	AS／NZS 3500
10	铁路安全管理 第1部分：一般要求	AS 4292.1
11	铁路安全管理 第3部分：机车车辆	AS 4292.3
12	生命周期成本核算 应用指南	AS／NZS 4536
13	在铁路边界内安装地下公用事业服务和管道	AS 4799
14	职业健康与安全管理系统	AS／NZS 4801
15	闭路电视（CCTV） 第2部分：应用指南	AS／NZS 4806.2
16	业务连续性 管理与中断相关的风险	AS／NZS 5050
17	铁路车辆 合规认证	AS 7501
18	铁路车辆 履带力和应力 第3部分：乘客	AS 7508.3
19	铁路车辆 动态行为 第3部分：客运车辆	AS 7509.3
20	铁路车辆 内部环境 第3部分：客运车辆	AS 7513.3
21	铁路车辆 出入口 第3部分：乘客	AS 7522.3

续表

序号	标准名称	标准编号
22	铁路车辆　应急设备　第3部分：客运车辆	AS 7523.3
23	铁路车辆　牵引车辆	AS 7524
24	铁路车辆　事件记录器　第3部分：客运车辆	AS 7527.3
25	铁路车辆　消防安全　第3部分：乘客	AS 7529.3
26	铁路车辆　照明和可视性　客运车辆	AS 7531
27	铁路车辆　驾驶室　第3部分：乘客	AS 7533.3
28	铁路结构	AS 7636
29	质量体系　设计、开发、生产、安装和维修中的质量保证模型	AS / NZS ISO 9001
30	质量管理　配置准则	AS ISO 10007
31	系统和软件工程　软件生命周期过程	AS / NZS ISO / IEC 12207
32	环境管理体系　要求及使用指南	AS / NZS ISO 14001
33	温室气体	AS 14064
34	系统和软件工程　系统生命周期过程	AS / NZS ISO / IEC 15288
35	信息安全管理	AS ISO / IEC 27001
36	风险管理　原则和指南	AS / NZS ISO 31000
37	资产管理　管理体系　要求	AS ISO 55001
38	资产管理　管理体系　ISO 55001 应用指南	AS ISO 55002
39	电磁兼容性（EMC）　第3.2部分：限值　谐波电流发射限值	AS / NZS 61000.3.2
40	电磁兼容性（EMC）　第3.3部分：限值　对于额定电流≤16A每相且不受条件连接限制的设备、公共低压供电系统中的电压变化、电压波动和闪烁的限制	AS / NZS 61000.3.3
41	电磁兼容性（EMC）　第3.4部分：限值　额定电流大于75A的设备用低压供电系统的谐波电流辐射限制	AS / NZS 61000.3.4
42	报废管理　应用指南	IEC 62402
43	软件工程　将ISO 9001：2000应用于计算机软件的指南	AS / NZS ISO / IEC 90003

国际标准　　　　　　　　　　　　　　　　　　　　　　附表10-2

序号	标准名称	标准编号
1	建筑材料和结构的燃烧试验　第20部分：建筑构件耐火的测定方法（一般原理）	BS 476-20
2	建筑材料和结构的燃烧试验　第22部分：非承重构件耐火的测定方法	BS 476-22
3	机车、车辆、动车组和带控制台拖车的司机室布置	UIC 651

序号	标准名称	标准编号
4	铁路车辆的结构要求	GM／RT 2100
5	适用于多个单元和轨道机器的砂光设备	GM／RT 2461
6	铁路应用 声学 有轨车辆内部噪声的测量	ISO 3381
7	铁路应用 乘客乘坐舒适性的测量和评价	EN 12299
8	铁路应用 铁路车辆车体结构要求 机车和客运车辆（以及货运车辆的替代方法）	EN 12663-1
9	高地板	EN 12825
10	铁路应用 轮对和转向架 车轮 产品要求	EN 13262
11	铁路应用 公共交通中铁路车辆的电气照明	EN 13272
12	铁路应用 制动 公共交通制动系统 第1部分：性能要求	EN 13452-1
13	铁路应用 城市轨道交通车辆用空调 第1部分：舒适度参数	EN 14750-1
14	铁路应用 车辆侧门系统	EN 14752
15	铁路应用 驾驶室空调 第1部分：舒适度参数	EN 14813-1
16	铁路应用 列车驾驶室的前挡风玻璃	EN 15152
17	铁路应用 列车外部可见和可听警告装置 第2部分：警告喇叭	EN 15153-2
18	铁路应用 铁路车辆车体防撞性要求	EN 15227
19	铁路应用 制动 车轮滑动保护	EN 15595
20	铁路应用 转向架和走行机构的要求	EN 15827
21	铁路应用 车辆之间的舷梯系统 第1部分：主要应用	EN 16286-1
22	职业健康与安全管理	OHSAS 18001
23	人体工程学 人类系统交互的人体工程学 以人为中心的生命周期过程描述	ISO／TR 18529
24	信息技术 服务管理 第1部分：服务管理系统要求	ISO／IEC 20000-1
25	铁路应用 电磁兼容性 第1部分：总则	EN 50121-1
26	铁路应用 电磁兼容性 第3-1部分：铁路车辆 列车和整车	EN 50121-3-1
27	铁路应用 电磁兼容性 第3-2部分：铁路车辆 设备	EN 50121-3-2
28	铁路应用 设备的环境条件 第1部分：车载设备	EN 50125-1
29	铁路应用 可靠性、可用性、可维护性和安全性（RAMS）的规范和演示 第1部分：基本要求和通用过程	EN 50126-1
30	铁路应用 可靠性、可用性、可维护性和安全性（RAMS）的规范和演示 第2部分：EN 50126-1的安全应用指南	CLC／TR EN 50126-2
31	铁路应用 可靠性、可用性、可维护性和安全性（RAMS）的规范和演示 第3部分：用于车辆RAM的EN 50126-1的应用指南	CLC／TR EN 50126-3
32	铁路应用 通信、信号和处理系统 铁路控制和防护系统软件	EN 50128

序号	标准名称	标准编号
33	铁路应用　通信、信号和处理系统　信号安全相关的电子系统	EN 50129
34	铁路应用　铁路车辆　与电气危险有关的保护规定	EN 50153
35	铁路应用　铁路车辆用电子设备	EN 50155
36	铁路应用　通信、信号和处理系统	EN 50159
37	铁路应用　机车车辆　受电弓：特性和试验　第1部分：地铁和轻轨车辆的受电弓	EN 50206-2
38	铁路应用　机车车辆　竣工和投入使用前机车车辆的检验	EN 50215
39	铁路应用　车辆与列车检测系统的兼容性	EN 50238
40	铁路应用　集电系统　受电弓和接触网相互作用的技术标准（实现免费访问）	EN 50367
41	铁路应用　电源设备和铁路车辆　实现互操作性的电源（变电站）与车辆协调的技术标准	EN 50388
42	铁路应用　列车上的能量测量	EN 50463
43	铁路应用　列车上的能量测量　第4部分：通信	EN 50463-4
44	声音系统设备　第16部分：语音传输指数对语音清晰度的客观评定	IEC 60268-16
45	电磁兼容性（EMC）　第3-5部分：限值　在低压电源系统中额定电流大于75 A的设备的电压波动和闪烁限制	SA / SNZ TS IEC 61000-3-5
46	铁路应用　车辆设备冲击和振动试验	IEC 61373
47	铁路应用　城市引导交通管理和指挥/控制系统　第1部分：系统原则和基本概念	IEC 62290-1
48	铁路应用　城市引导交通管理和指挥/控制系统　第2部分：功能要求规范	IEC 62290-2

运营方法律法规　　　　　　　　　　　　　　　　　　　**附表10-3**

序号	标准名称	标准编号
1	环境监测和测量计划	L0-SQE-PLA-006
2	承包商的安全和环境要求　MTM场所	L0-SQE-PRO-014
3	废物管理	L0-SQE-PRO-035
4	人为因素整合程序	L0-SQE-PRO-046
5	大纲批准程序	L1-CHE-PRO-004
6	MTM要求大都会列车停车	L1-CHE-STD-001
7	承包商安全程序	L1-SQE-PRO 011
8	跟踪表格细节检查评估表　站坑	L4-TRK-FOR-013
9	照明、电力设计与施工	MCST 000002-01

续表

序号	标准名称	标准编号
10	大都会火车站	MCST 020100-01
11	架空接触网电气化	MEST 000002-02
12	电网原理与性能	MEST 000002-06
13	列车维护建筑物电气系统 接地和粘接	MEST 070000-01
14	工程规范 轨道几何维护公差	MTSP 030100-01
15	轨道设计与施工	MTST 000002-01
16	MTM运行控制系统（OCS）战略指导原则	—

以色列特拉维夫轻轨车辆项目标准清单　　　附表11

序号	标准名称	标准编号
1	Fire protective signalling systems	SI 1220
2	Accessibility of the built environment	SI 1918（所有部分）
3	Construction and operation of light rail transit systems	SI 5350
4	Fixed guideway transit and passenger rail systems: Fire safety requirements	SI 5435
5	Fire extinguishers: Powder stored pressure type	SI 570
6	Fire extinguishers: Foam or water stored pressure type	SI 66
7	Fire extinguishers: Rechargeable halogenated hydrocarbon type	SI 987
8	Rustproof steel	EN 10088
9	Railway Applications—Structural requirements of railway vehicle bodies	EN 12663
10	Railway applications—Wheelsets and bogies—Non-powered axles – Design method	EN 13103
11	Railway applications—Wheelsets and bogies—Powered axles—Design method	EN 13104
12	Railway applications—Wheelsets and bogies—Axles—Product requirements	EN 13261
13	Railway applications—Wheelsets and bogies—Wheels—Product requirements	EN 13262
14	Railway applications—Braking—Mass transit brake systems	EN 13452
15	Railway applications—Wheelsets and bogies—Method of specifying the structural requirements of bogie frames	EN 13749
16	Railway Applications—Air conditioning for urban and suburban rolling stock—Part 1: Comfort parameters	EN 14750-1
17	Railway applications—Body side entrance systems for rolling stock	EN 14752

序号	标准名称	标准编号
18	Railway applications—Crashworthiness requirements for railway vehicle bodies	EN 15227
19	Specification and qualification of welding procedures for metallic materials—General rules	EN 15607
20	Specification and qualification of welding procedures for metallic materials—Welding procedure specification—Part 1: Arc welding	EN 15609-1
21	Railway applications—Fire protection on railway vehicles	EN 45545
22	Parts 1-5: Railway applications—Electromagnetic compatibility	EN 50121-1～50121-5
23	Railway applications—Environmental conditions for equipment—Part 1: Equipment on board rolling stock	EN 50125-1
24	Railway applications—The specification and demonstration of dependability, reliability, availability, maintainability and safety (RAMS)	EN 50126
25	Railway applications—Communications, signaling and processing systems—Software for railway control and protection systems	EN 50128
26	Railway applications—Communications, signaling and processing systems—Safety related electronic systems for signalling	EN 50129
27	Railway applications—Rolling stock—Protective provisions relating to electrical hazards	EN 50153
28	Railway applications—Electronic equipment used on rolling stock	EN 50155
29	Railway applications—Supply voltages of traction systems	EN 50163
30	Railway applications—Rolling Stock—Pantographs: Characteristics and tests—Part 2: Pantographs for metros and light rail vehicles	EN 50206-2
31	Railway applications—Rolling Stock—Testing of rolling stock after completion of construction and before entry into service	EN 50215
32	Railway applications—Compatibility between rolling stock and train detection systems	EN 50238
33	Industrial, scientific and medical equipment—Radio-frequency disturbance characteristics—Limits and methods of measurement	EN 55011
34	Information technology equipment—Radio disturbance characteristics—Limits and methods of measurement	EN 55022

序号	标准名称	标准编号
35	Environmental tests—Part 2: Tests	EN 60068-2
36	Railway applications—Electric equipment for Rolling stock—Conditions and general rules	EN 60077-1
37	Electroacoustics—Hearing aids—Part 4: Induction loop systems for hearing aid purposes—Magnetic field strength	EN 60118-4
38	Railway applications—Traction transformers and inductors on board rolling stock	EN 60310
39	Railway applications—Electric equipment for rolling stock—Rules for power resistors of open construction	EN 60322
40	Electric traction—Rotating electrical machines for rail and road vehicles	EN 60349
41	Secondary cells and batteries containing alkaline or other non-acid electrolytes—Vented nickel—cadmium prismatic rechargeable single cells	EN 60623
42	Sound systems for emergency purposes	EN 60849
43	Programmable controllers	EN 61131
44	Industrial communication networks—Fieldbus specifications	EN 61158
45	Industrial communication networks—Profiles	EN 61784
46	Railway applications—Rolling stock equipment—Capacitors for power electronics	EN 61881
47	Railway applications—Power converters installed on board rolling stock—Characteristics and test methods	EN 61287-1
48	Railway applications—Rolling stock equipment—Shock and vibration tests	EN 61373
49	Electronic railway equipment—Train communication network (TCN)—Part 3-1: Multifunction Vehicle Bus (MVB)	EN 61375-3-1
50	Acoustics—Description, measurement and assessment of environmental noise—Part 2: Determination of environmental noise levels	ISO 1996-2
51	Safety of machinery—Anthropometric requirements for the design of workstations at machinery	ISO 14738
52	Mechanical vibration and shock—Evaluation of human exposure to whole-body vibration—Part 4: Guidelines for the evaluation of the effects of vibration and rotational motion on passenger and crew comfort in fixed-guideway transport systems	ISO 2631-4
53	Mechanical vibration and shock—Evaluation of human exposure to whole-body vibration—Part 5: Method for evaluation of vibration containing multiple shocks	ISO 2631-5

续表

序号	标准名称	标准编号
54	Railway applications—Acoustics—Measurement of noise emitted by rail bound vehicles	EN ISO 3095
55	Railway applications—Acoustics—Measurement of noise inside rail bound vehicles	ISO 3381
56	Basic human body measurements for technological design	ISO 7250
57	Quality management systems—Requirements	ISO 9001
58	Environmental management systems—Requirements with guidance for use	ISO 14001
59	Information technology—Security techniques—Code of practice for information security management	ISO IEC 27002
60	Coaches—Running gear	UIC 515
61	Testing and approval of railway vehicles from the point of view of their dynamic behaviour—Safety—Track fatigue—Ride quality	UIC 518
62	Protection by the earthing of metal parts of vehicles	UIC 533
63	Heating, ventilation and air-conditioning in coaches	UIC 553
64	Coaches—Windows made of safety glass	UIC 564-1
65	Regulations concerning conditions of visibility from driving compartments of electric powered stock	UIC 617-7
66	Layout of driver's cabs in locomotives, railcars, multiple unit trains and driving trailers	UIC 651：2002
67	Technical specification for the supply of rough rolled non-alloy steel tyres for tractive and trailing stock	UIC 810
68	Technical specification for the supply of rolled or forged wheel centres for tyred wheels for trailing stock	UIC 812-1
69	Technical specification for acceptance of welders for the fusion welding of steel	UIC 897-10/11
70	Electronic equipment used on rail vehicles	IEC 60571
71	Railway applications—Supply voltages of traction systems	IEC 60850
72	Electrical traction overhead lines	IEC 60913
73	Railway applications—Electromagnetic compatibility (EMC)	IEC 61000
74	Railways applications—Rolling stock—Testing of rolling stock on completion of construction and before entry into service	IEC 61133
75	Preventive fire protection in railway vehicles—Part 1: Levels of protection, fire preventive measures and certification (see also EN 45545)	DIN 5510-1

序号	标准名称	标准编号
76	Railway vehicles—Driver cabs—Part 3: Additional requirements for urban and suburban rolling stock	DIN 5566-3
77	Code of practice for the design, planning, installation, testing and maintenance of sound systems	BS 6259
78	National fire alarm and signalling code	NFPA 72
79	Standard for fixed guideway transit and passenger rail systems	NFPA 130
80	Recommendation on automatically working, power—Operated doors in line—Service buses and tramcars	VDV 110
81	Requirements to the monitoring of power—Operated doors and steps in line—Service buses and tramcars	VDV 111
82	Recommendations of type—Light rail vehicles	VDV 150
83	Noise emitted by rail bound vehicles for urban public transit according to BOStrab	VDV 154
84	Basic requirements to the electrical equipment of light rail and metro vehicles	VDV 160
85	Heating and ventilation systems in passenger compartments in rail vehicles for public mass transit	VDV 180/1
86	Heating and ventilation systems in the driver's cab in rail vehicles for public mass transit	VDV 180/2
87	Recommendation on air cooling and air dehumidification systems in rail vehicles for public mass transit	VDV 180/3
88	Measuring technique for the testing of heating, ventilation, air cooling and air conditioning systems in rail vehicles for public mass transit	VDV 180/4
89	Integrated on board information system (IBIS)	VDV 300
90	Standards for application and management of the systems engineering process	IEEE 1220
91	Standard for information technology—Specific requirements—Part 3: carrier sense multiple access with collision detection (CSMA/CD) access method and physical layer specifications	IEEE 8802-3
92	Safety of electromagnetic fields, protection of persons in the frequency range of 0–30kHz. See also the requirements of the Ministry for the protection of the Environment, and the Non Ionizing Radiation Law 2006.	ICNIRP
93	Security Division 1176929915 dated 10.08.15	—

参考文献

[1] 艾克凌.以色列标准化活动综述[J].世界标准信息，1998(1)：22-27.

[2] 包叙定.我国城轨交通发展的现状、问题和瞻望[J].都市快轨交通，2018(6)：2-5.

[3] 倪光斌，周诗广，朱飞雄.铁路行业工程建设标准先进性与国际化探讨[J].铁道经济研究，2016(1)：1-5，11.

[4] 秦建设.轨道交通工程设计管理思考与研究[J].浙江建筑，2017(5)：60-63，67.

[5] 沈永明，肖厚忠，黄莉，等.中美建设工程标准体制比较研究[J].建筑经济，2005(5)：39-42.

[6] 王德峻.城市轨道交通工程建设项目管理的研究[D].西安：长安大学，2013.

[7] 王立吉，李家华，吴季直.以色列的技术监督工作（上）[J].中国技术监督，1994(1)：34-35.

[8] 吴凌云.解读欧盟"协调标准"[J].机械工业标准化与质量，2004(9)：14-16.

[9] 徐晓维.轨道交通PPP项目执行情况解析[EB/OL].(2019-02-12)[2020-04-15]. https：//www.sohu.com/a/293142172_120058617.

[10] 佚名.以色列标准局简介[J].中国检验检疫，1999(4)：45.

[11] 佚名.俄罗斯联邦技术法规法[EB/OL].(2015-06-26)[2020-04-15].http：//www.sac.gov.cn/sbgs/flfg/gwbzhfl/201506/t20150626_190159.htm.

[12] 张国华.以色列标准化现状与展望[J].世界标准化与质量管理，1997(11)：35-37.

[13] 中国城市轨道交通协会.城市轨道交通2019年度统计和分析报告[R].北京：中国城市轨道交通协会，2020.

[14] 驻以色列使馆经商处.对外投资合作国别（地区）指南——以色列[EB/OL].(2016-09-14)[2020-04-15]. http：//fec.mofcom.gov.cn/article/gbdqzn/.